컴퓨팅 사고력을 키우는 언플러그드 코딩놀이

컴퓨팅 사고력을 키우는 언플러그드 코딩놀이

MAPS 코딩

초판 1쇄 인쇄 2019년 7월 20일

초판 1쇄 발행 2019년 7월 28일

지은이 코딩 아빠

펴낸이 김문식·최민석

기획편집 이수민·김현진·박예나·김소정·윤예슬

책임편집 김소희

디자인 한은영·오은애

제작 제이오

펴낸곳 ㈜해피북스투유

출판등록 서울시 성북구 종암로 63, 4층 402호(종암동)

전화 02.336.1203

팩스 02.336.1209

ISBN 979.11.6479.015.9 [73000]

110 1111 1100 111 100

컴퓨팅 사고력을 키우는 언플러그드 코딩놀이

MAPS 코딩

코딩 아빠 지음

1111 011 001 011

북오름

Hello! MAPS 코딩

요즘 대학생들 사이에서는 코딩 수업 신청하기가 하늘의 별 따기라고 합니다. 유치원생부터 중·고등학생을 대상으로 한 코딩 장난감, 코딩 놀이, 각종 코딩 교재가 쏟아져 나오고, 코딩 학원도 심심찮게 찾아 볼 수 있게 되었지요. 그런데 막상 내 아이에게 코딩을 가르치려고 마음먹고 보면 무엇을 어떻게 가르쳐야 할지 막막합니다. 현재 우리나라의 코딩 교육은 언플러그드 코딩부터 코딩 로봇, 스크래치와 같은 코딩 프로그램, 아두이노와 같은 기기를 활용한 코딩 등 매우 다양한 분야에서 이루어지고 있습니다. 내 아이에게 무엇부터 가르쳐야 할지 고민하고 있는데, '옆집 아이는 이미 스크래치를 마스터했다더라'는 소리에, 괜한 조바심이 드는 것이 사실입니다. 'IoT 기기를 다루어야 그래도 코딩을 배우는 것 아니겠습니까?'라는 코딩 교육 업체의 광고 문구에 현혹되어 내 아이의 수준과는 상관없이 무턱대고 코딩을 가르쳐야겠다는 마음이 드는 것은 어쩔 수 없는 것 아니겠습니까.

이럴 때, 나침반을 들고 길을 안내해 줄 프로그래머 아빠가 있다면 어떨까요? 비록 미국 하버드 대학교를 졸업하지는 않았어도, 페이스북 같은 회사를 만들지는 못했어도, 프로그래머로 오랫동안 일하면서 '내 아이에게 어떻게 하면 컴퓨터 프로그램을 잘 가르칠 수 있을까?'라는 부모의 마음으로 고민했습니다. 프로그래머가 되기 위해 어렵게 공부하면서 걸었던 길을 내 아이는 똑같이 걷지 않도록, 더 쉽고 편하게 컴퓨터 프로그램을 배울 수 있는 나침반을 준비했습니다.

저와 함께 'MAPS 코딩'이라는 나침반을 들고, 도전해 보시지 않으시겠습니까?

▣ #차례 #연결 #확장

MAPS 코딩 교육의 기본 철학은 '개념부터 차례대로'와 '모든 영역의 연결', 그리고 '수준별 단계 확장'입니다.

#차례

여행을 하려면 가장 먼저 무엇을 준비해야 할까요? 언제, 어디를, 어떻게 다녀올지 결정하고, 경로를 정해야겠지요. 경로를 정할 때에는 여행지까지의 이동 시간, 머무르는 시간 등을 기준으로 정하거나, 출발지와 가까운 위치 순으로 정하게 됩니다. 여행의 출발이 경로를 정하는 것이라면, 코딩 공부를 하려면 무엇부터 해야 할까요? 코딩을 배울 때도 학습자의 연령, 학습 경험 등에 따라 지켜야 할 차례가 있습니다. 가장 먼저 필요한 것은 '개념'의 올바른 이해입니다. 개념을 올바로 이해하면 암기하지 않아도 원하는 결과물을 얻기 위한 코딩을 생각 해 낼 수 있지요.

MAPS 코딩에서는 개념을 먼저 익히고 다른 분야로 적용하는 것을 원칙으로 합니다. 개념의 이해가 선행되지 않은 코딩은, 모래 위에 집짓기와 같습니다. 코딩을 학습하기 위해 **개념 이해 → 언플러그드 코딩 → 코딩 로봇 → 블록형 프로그래밍 → 실전 프로그래밍**의 차례를 따를 것을 추천합니다. 학습자의 연령 및 학습 수준에 따라 각 과정별 학습 기간이 다를 수 있지만, 일반적으로 코딩 학습의 흥미와 교육

의 연속성을 따져 본다면 위 순서가 효과적입니다.

#연결

MAPS 코딩에서는 코딩 개념을 음악, 미술, 놀이, 스토리텔링과 연결하여 아이들의 생각 전구에 다양한 경로를 활용하여 불을 켤 수 있게 돕습니다. 코딩의 개념을 내 것으로 만들고, 코딩으로 사고할 수 있는 기회를 제공하지요. 특히, 코딩 교육자와

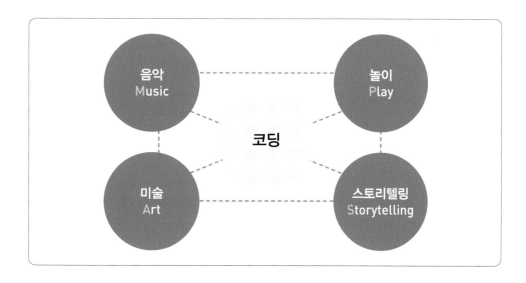

코딩 업계 관계자들도 깜짝 놀란 여러 가지 색다른 활동을 소개합니다.

　　MAPS 코딩은 언플러그드 코딩, 코딩 로봇과 각종 교재 등을 별개로 습득하지 않고, 언플러그드 코딩과 다른 영역의 융합을 추구합니다. 코딩은 단순히 컴퓨터 앞에 앉아서 외우는 공부가 아닙니다. 대학 입시, 취업을 위한 스펙 쌓기도 아닙니다. 언플러그드 코딩이 우리의 일상 속에서 어떻게 이루어지는지 아이 스스로 깨닫고 습득할 때, 비로소 '코딩에 능한 창조적 인재'로 자라날 수 있는 것이지요.

　　'IF는 조건문을 만들 때 필요한 명령어야'라고 아이가 이해할 때 까지 주입식으로 반복하지 말고, 아이가 좋아하는 분야부터 코딩의 개념을 제대로 심어 주세요. 그럼 아이가 비록 'IF'의 활용법은 모르지만, 코딩을 하기 위해서는 각 조건마다 단계를 나누어 실행해야 한다는 것을 깨달을 수 있을 테니 말입니다. 자, 이제 결정하십시오. 'IF'의 뜻을 외우게 하시겠습니까, 'IF'의 뜻을 이해하는 아이로 키우시겠습니까?

#확장

　　코딩 학습은 보통 개념 익히기와 언플러그드 코딩으로 시작하는 것을 추천하지만, 아이의 학습 수준이 높아짐에 따라 당연히 더 높은 수준의 코딩 학습 또한 이루어져야 합니다. MAPS 코딩에서도 '확장'을 통해 **코딩 로봇**과 **블록형 명령어**, **IoT 코딩**을 다룰 예정입니다. 언플러그드 코딩으로 코딩의 기초를 익힌 아이들은, 여러 코딩 분야로의 확장도 쉽게 받아들일 수 있게 됩니다. 그리고 코딩의 최종 단계인 '실전 프로그래밍 언어'를 사용하는 경지에 도달했을 때, 아이는 비로소 '사물을 바라보거나 문제를 분석하고 해결하는 능력'을 완벽하게 갖춘 상태로 거듭나지요.

현재 실전 프로그래밍 언어를 배우는 코딩 학습에서는 언어의 사용법만 익힐 수 있을 뿐, 주어진 문제를 분석하고 해결하는 능력은 기를 수 없습니다. 그때 가서 컴퓨팅 사고 능력을 기르기란 매우 어려울 뿐만 아니라 많은 시간을 아깝게 투자해야 하지요. 그래서 처음부터 MAPS 코딩으로 학습을 시작해야 하는 것입니다. MAPS 코딩을 접한 아이들이 성인이 되었을 때는, 이미 인공 지능의 도입과 인구 절벽 등의 현상으로, 프로그래머라는 직업을 갖기보다는 컴퓨터 프로그램을 이용한 생산적인 직업에 종사할 확률이 높지요. 그때 내 아이가 어떤 경쟁력을 갖추었기를 원하십니까? 바로 '창조력과 컴퓨팅 사고 능력'일 것입니다.

M usic

우리가 귀로 듣는 음악은 얼마나 잘 시각화되어 있는가에 따라 그 형태가 결정됩니다. 멜로디, 박자, 화음 등을 연주하기 위해서는 미리 약속된 기호인 음표, 음악 용어 등을 사용해 먼저 시각화해야 하지요. 이러한 약속에 코딩을 접목할 수 있습니다.

A rt

미술은 다양한 창작 활동, 색상, 명도, 채도 등을 활용한 표현 예술입니다. 만들기나 그림 그리기에 필요한 몸의 동작을 활용하거나, 색상, 명도, 채도 등의 미술 표현 요소에 코딩을 접목할 수 있습니다.

P lay

아이들에게 있어 놀이만큼 효과적인 학습은 없다고 합니다. 코딩과 놀이가 만나면 그 효과는 극대화됩니다. 다양한 규칙을 정해 놀이를 하는 과정 속에서 언플러그드 코딩의 개념을 명확하게 세울 수 있습니다.

S torytelling

우리가 잘 아는 명작 동화 속 인물, 사건, 배경 등 이야기 구성 요소에 코딩을 접목할 수 있습니다. 스토리텔링 코딩이 무엇인지 경험한 아이는, 이야기를 읽고 문학적인 활동 뿐 아니라 문제를 분석하고 해결하는 코딩 활동까지 자연스럽게 구현해 낼 수 있게 됩니다.

1. 코딩의 기본 개념에 따라 각 파트를 구성했습니다. 각 파트의 주제와 학습 목표를 아이와 함께 살펴보며, '무엇을 배울 것인지?'를 이야기해 보세요. 아이가 무엇을 배울지 스스로 명확하게 인식하는 것이 가장 중요합니다.

2. 파트마다 영역별 코딩 활동을 합니다. 각 활동이 MAPS 코딩 영역 중 무엇을 적용한 활동인지 꼭 확인하세요. 음악, 미술, 놀이, 스토리텔링 중에서 아이가 흥미를 갖고 쉽게 해내는 영역부터 차근차근 시작해도 좋습니다.

3. **숙제** 와 **한 번 더 생각하기** , **Tip** 을 적극 활용하세요. 아이가 코딩 학습을 얼마나 잘 해내고 있는지 살필 수 있는 척도입니다. 아이가 숙제를 잘하지 못하더라도, 조급해 하지 말고 딱 1년만 기다려 주세요.

4. MAPS 코딩의 실제 활동 예시를 살펴보고, 아이와 직접 활동해 보세요.

5. YouTube 채널 '아빠랑 코딩놀이'에서 활동 동영상을 보면서 예습과 복습을 할 수 있습니다.

PART 1

코딩 아빠가 들려주는 '코딩'

코딩을 알지 못하는
이른바 '코·알·못' 부모님께

날씨가 화창한 어느 휴일, 온 가족이 기분 좋게 외출 준비를 합니다. 부모는 아이에게 "나갈 준비를 하고, 현관문 앞에서 기다려 줘."라고 말하지요.

#1 아이는 양말을 신지 않고 신발부터 신으러 현관으로 향합니다. 그러면 부모는 "○○야, 양말을 먼저 신어야지." 하고 아이를 불러 세우지요.

#2 아이는 양말을 한 짝만 신고, 다시 신발을 신으러 현관으로 달려 나갑니다. 부모는 "○○야, 나머지 양말 한 짝도 신고 나가야지."하고 아이를 불러 세웁니다. 아이는 그제서야 양말 한 켤레를 온전히 신고, 신발을 신으러 갑니다.

#3 그런데 아이는 신발을 신지 않고, 현관문 앞에서 기다리고 있습니다. 부모는 "○○야, 신발을 신어야 밖에 나갈 수 있는 거야."라고 말해야 하지요.

외출 준비로 들떠 있던 부모 얼굴은 어느새 붉으락푸르락 답답한 마음을 숨기지 못합니다. 따지고 보면 아이는 아무런 잘못이 없습니다. 부모의 기준에서 당연하다고 생각한 외출의 '준비'와 '선택'의 기준을 아이가 따라오지 못했을 뿐이지요.

부모는 양말 신기, 신발 신기, 현관문 앞에서 기다리기의 각 단계별로 어떻게 준비하고 행동해야 하는지 잘 알고 있습니다. 그래서 무엇을 먼저 실행해야 하는지 순서를 정하고 효율적으로 움직이지요.

코딩을 잘 알지 못하는 부모가 놓치는 점 한 가지! 바로 이것이 하나의 알고리즘

양말

신발

현관

나갈 준비를 하고,
현관문 앞에서
기다려줘.

이고, 여기에 코딩 개념이 숨어 있다는 것입니다. 과연 외출 준비 동작 속에 무슨 코딩이 숨어 있다는 것일까요?

먼저 아이에게 말한 '명령 덩어리'를 가능한 잘게 나누어야 합니다. **외출 준비**는 **양말 신기**, **신발 신기**, **현관문 앞 대기**로 나눌 수 있습니다. 이것이 바로 코딩에 있어 **관찰과 문제의 분석**입니다. 우리는 경험으로 양말 두 짝이 한 컬레라는 것을 알고 있지만, 컴퓨터가 정확한 동작을 할 수 있게 명령하려면 다음과 같이 자세한 조건을 입력해야 합니다.

>> **양말 신기 명령어(조건)**

- 양말은 발에 신는 거야.
- 양말은 두 짝이 한 컬레야.
- 양말 신기는 한 발에 하나씩 모두 두 번 움직여야 해.
- 양말은 입구가 하나야.
- 양말은 위와 아래가 구분 돼.
- 양말 위에 다른 양말을 덧신으면 안 돼.

- 신발은 발에 신는 거야.
- 신발은 두 짝이 한 켤레야.
- 신발 신기는 한 발에 하나씩 모두 두 번 움직여야 해.
- 신발은 입구가 하나야.
- 신발은 앞쪽과 뒤쪽이 구분 돼.
- 신발은 집 안에 들어와서 신으면 안 돼.
- 신발은 저마다 주인이 따로 있어.

신발 신기도 마찬가지입니다.

이와 같은 자세한 조건 외에도 외출 준비에 필요한 순서를 입력해야 합니다. 그렇지 않으면 컴퓨터로 작동하는 로봇이 현관문 앞에 서 있다가 집 안으로 들어와 운동화 위에 양말을 신는 모습을 지켜봐야 할지 모르니까요.

또한 현관문 앞 대기라는 것이 우리 머릿속에는 '외출 준비를 마친 상태에서 현관

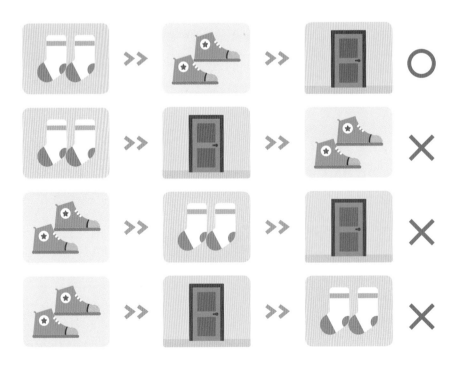

문 앞에서 기다리는 것'으로 여기고 있지만, 컴퓨터에게는 단순히 '현관문 앞'의 위치에서 '기다려'를 의미할 뿐입니다. 이처럼 '외출 준비'라는 명령어를 컴퓨터로 정확하게 실행하려면, 명령어 속에서 어떤 조건과 순서를 지켜야 하는지를 명확히 해야 합니다. 이러한 '명령의 조립과 순서'가 곧 '코딩'이고, 문제 해결인 것입니다.

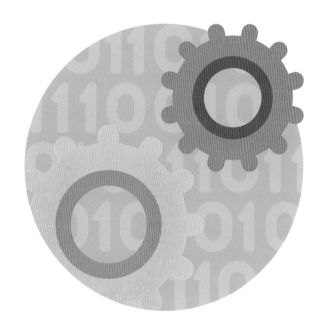

코딩에도 문법이 있다?

외국인과 대화하려면 통용되는 공통의 언어가 있어야 합니다. 내가 원하는 대로 컴퓨터를 작동시키고 싶다면, 컴퓨터 언어를 배워야 합니다. 물론 언젠가는 컴퓨터가 인간의 모든 언어를 배워, 우리에게 먼저 다가와 말을 걸지도 모르겠지만, 그전까지는 우리가 컴퓨터 언어를 배워야만 합니다.

우리가 모국어를 배울 때도 그렇지만, 외국어 학습을 할 때 가장 어려워하는 부분 중 하나가 바로 '문법'입니다. 한국어에서는 '나는 너를 좋아한다'라고 말하지만, 영어에서는 'I like you(나는 좋아합니다 너를)'라고 말하지요. 같은 뜻이지만 표현하는 언어와 단어의 순서가 다릅니다.

컴퓨터 언어도 마찬가지입니다. 컴퓨터가 보여 주는 결과물이 모두 같을지라도, C언어, JAVA, Python, PHP 등 어떤 컴퓨터 언어로 명령을 내렸는지에 따라 표현 방식과 순서가 모두 다르지요. 외국어 학습에 빗대자면 각 언어마다 고유의 문법을 지닌 셈입니다. 따라서 컴퓨터 언어를 본격적으로 배우기 전에 '코딩'의 개념을 먼저 이해한다면, 여러 가지 컴퓨터 언어 중 필요한 것을 골라 더 효율적으로 학습할 수 있게 됩니다. 남보다 먼저 코딩을 잘하는 지름길을 닦는 셈이지요.

숨어 있는 코딩 언어를 찾아서!

MAPS 코딩은 음악, 미술, 놀이, 스토리텔링 등 다양한 영역 속에 숨은 코딩 언어를 찾아내는 놀라운 능력을 심어 줍니다. 음악에는 음표와 기호, 미술과 놀이에는 패턴과 규칙, 스토리텔링에는 인물, 사건, 배경 등의 요소가 있습니다. 그래서 음악, 미술, 놀이, 스토리텔링 활동을 위해 필요한 일련의 '약속'들을 코딩과 접목할 수 있는 것이지요. 내 아이가 다양한 영역이 융합된 코딩 학습을 할 수 있다는 것만으로도 MAPS 코딩의 매력은 충분합니다.

'코딩'이라고 쓰고, '생각 키우기'라고 읽기

지금 초중고생 아이를 키우는 부모님 세대는 학교 다닐 때 코딩을 배우지 않았습니다. 그러다 보니 어느 날 갑자기 나타난 '코딩'이 매우 생소하게 느껴질 수밖에 없지요. 공교육에서 코딩이 정식 교과목으로 도입되면서 학부모들의 불안도 커졌습니다.

"코딩은 언제부터 어떻게 공부시켜야 하나요?"

"코딩이 컴퓨터 언어라는데, 배우기 어렵지 않은가요?"

"요즘 유치원생도 코딩 학원에 다닌다고 하는데, 우리 아이도 학원에 보내야 하는 거 아닐까요?"

"국어, 영어, 수학, 예체능 사교육도 버거운 데, 이제 코딩까지 배워야 하나요?"

이러한 막연한 불안감에서 생기는 질문은 모두 '코딩'이라는 단어를 컴퓨터에 한정된 것으로 여기기 때문입니다. 컴퓨터를 켜고, 키보드를 두드리려면 한글은 물론 알파벳도 떼야 하고, 소프트웨어 프로그램 하나쯤은 문제집으로 공부하고 나서야 배우는 것이 코딩 아닌가 생각하기 때문이지요.

과연 그럴까요?

'코딩의 핵심'은 코딩이 다양한 컴퓨터 응용 프로그램과 만나 더욱 다양하고 화려한 꽃을 피운다는 데 있습니다. 무슨 말이냐고요?

필자가 컴퓨터 프로그래머로 10년 넘게 일하면서 느낀 것이 있습니다. 한 가지의 컴퓨터 프로그래밍 언어라도 완벽하고 제대로 습득하여 내 것으로 만들고 나면, 이름은 다르지만 비슷한 '개념'으로 만들어진 컴퓨터 프로그래밍 언어를 습득하는 것은 그리 어렵지 않다는 것을 말입니다. 보통 하나의 컴퓨터 프로그래밍 언어를 제대로 습득하려면 수개월에서 몇 년의 시간이 걸리기도 합니다.

일 잘하고, 생산성 높고, 개발 능력이 좋기로 소문난 컴퓨터 프로그래머들은 과연 수많은 컴퓨터 프로그래밍 언어를 자유자재로 다루기 때문에 그 능력을 인정받은 걸까요? 그렇지 않습니다. 그들의 비결은 바로 '문제를 바라보는 시각', '문제를 해결하는 능력'이 남다르다는 것이었습니다. 그 능력은 수많은 프로그래밍 언어들을 습득한다고 해서 저절로 길러지는 것이 아닙니다. 과연 그들의 그 '초능력'은 어디에서 어떻게 길러진 걸까요?

그때부터 필자는 '만약 나의 아이가 컴퓨터 프로그래머가 된다면, 나는 이렇게 가르칠 거야'라는 고민을 적극적으로 하게 되었습니다. 그리고 '누군가 나에게 이때 이렇게 가르쳐 주었더라면, 내가 이 문제를 더 쉽게 분석하고 해결할 수 있었을 텐데'라고 돌아볼 수 있게 되었지요.

> "어떤 목적이나 결과를 이끌어 내기 위해서는 '순차적'이면서 '합리적'인 방법을 생각해 내야 한다. 그리고 만족한 결과가 나올 때까지 그 두 가지를 '반복'을 통해 의도적으로 이끌고 나가는 것이 '코딩의 핵심'이며, 이것을 컴퓨터 언어로 번역한 것이 코딩이다."
>
> ─코딩 아빠─

제가 컴퓨터 프로그래머로 성장하는 동안, 그 누구도 코딩의 핵심이란 무엇인지 정리해 주지 않았습니다. 사실 이런 저런 프로젝트에 치이다 보니 이런 생각을 할 겨를도 없었지요. 그러던 어느 날, 나의 아이가 언젠가 꼭 만나야 할 '코딩'을 그저 팔짱 끼고 관망할 수 없겠다는 생각이 들었습니다.

'언플러그드 코딩'은 '씨앗 코딩'이다!

언플러그드 코딩이란 말 그대로 컴퓨터의 전원 플러그를 꼽지 않고, 즉 컴퓨터 없이 코딩을 배운다는 것입니다. 코딩 학습에 있어 컴퓨터가 꼭 필요할까요?

앞서 강조했듯이 아이가 처음부터 컴퓨터로 코딩 프로그램을 배우고, 코딩 프로그램을 다룬다고 해서 코딩의 개념을 이해했다고 속아서는 안 됩니다. 처음부터 컴퓨터로 코딩을 배우게 되면, 소프트웨어를 다루는 응용력이 눈에 익게 되어 '문제 분석'과 '문제 해결'이라는 사고를 거치지 않고 소위 소프트웨어의 '작은 변형'을 통해 문제를 풀어내 버리지요. 덧셈을 막 배우기 시작해 1+1=2를 학습한 아이에게 계산기를 쥐어 주고 327+120=□의 답을 구하는 요령부터 알려 주는 셈입니다. 이 아이가 계산기로 문제를 척척 풀어냈다고 해서, 덧셈을 잘한다고 칭찬하실 건가요?

컴퓨터 소프트웨어로 코딩을 배워, '문제 분석'과 '문제 해결' 능력 대신 요령만을 익혀 문제를 척척 풀어내는 아이를 보고, 많은 부모들이 '내 아이는 코딩에 재능이 있다'고 여기시는 것을 많이 보았습니다. 과연 내 아이의 진짜 코딩 실력은 무엇으로 판단해야 할까요?

컴퓨터 프로그래머 아빠로서, 내 아이가 더 이상 나의 귀중한 컴퓨터를 망가뜨리지 않고 다룰 수 있을 때까지 기다릴 수만은 없었습니다. 시중의 수많은(그러나 검증되지 않은) 코딩 장난감들을 무턱대고 사주고 만족할 수도 없었습니다. C언어, Java, Python 등을 배울 나이가 될 때까지 기다렸다가는 내 아이의 코딩 사고력을 언제 길러줄 수 있을까 고민하게 되었습니다.

그래서 컴퓨터 프로그래머 아빠가 아이가 가지고 노는 장난감과 아이의 놀이에 코딩을 접목하여 자연스럽게 꺼들기로 작정했습니다. 아이가 코딩을 야금야금 받아먹고 소화하여 자신의 것으로 만들 수 있게 코딩을 잘게 갈아서, 개념이라는 양념을 쳤습니다. 그렇게 다양한 영역에 코딩을 접목한 MAPS 코딩을 통해, 내 아이에게 '놀다 보니', '어쩌다 보니', '자고 일어나니' 코딩을 습득할 수 있는 특권을 주기로 했습니다. 그리고 실제로 그러했습니다. '언플러그드 코딩'이 얼마나 위대한지 증명한 셈이지요. 지금 당장 내 아이와 일상생활 속에서 언플러그드 코딩을 통한 '코딩 씨앗'을 심어 주세요. 어떻게 하냐고요?

"○○아, 이제 그만 놀고 코딩 공부 시간이야!"라고 진지하게 말하는 것은 물론 금물입니다. 코딩은 일상생활과 놀이의 연장선에 있어야 합니다. 자연스럽게 문제에 맞닥뜨리게 하고, 문제를 분석하고 해결하는 것을 재미있는 놀이쯤으로 여길 수 있게 해 주세요. 그럼 아이는 어떤 문제를 만나도 스스로 문제를 살펴보고, 뜯어보고, 분석해 내고, 스스로 해결해 나갈 방법을 놀이처럼 생각해 낼 수 있게 됩니다.

이처럼 언플러그드 코딩으로 심은 코딩 씨앗이 무럭무럭 자라 싹을 틔우고 가지를 뻗으면, 그때에는 '블록형 언어'를 배워도, '코딩 로봇'을 다뤄도, 어떤 컴퓨터 프로그래밍 언어를 배우더라도 척척 해내는 코딩 인재로 성장할 것입니다.

주의 사항
아이가 실수할 수 있는 시간과 기회를 허용하라.

"실수한 적이 없는 사람은 결코 새로운 일을 시도해 보지 못한 사람이다."

–알버트 아인슈타인–

컴퓨터 프로그래머가 직업인 아빠가 아이에게 코딩을 가르치는 것은 사실 쉽지만은 않았습니다. 머릿속에 아무리 많은 지식이 있다고 해도 그것을 가르치는 데는 기술이 필요하기 때문이지요. 유튜브 채널 '아빠랑 코딩놀이'를 운영하기로 결심하고 아이와 MAPS 코딩 활동 영상을 촬영할 때의 일입니다. 동영상을 업로드 해야 하는 시간은 다가오고, 영상을 찍고 편집할 시간은 턱없이 부족한 가운데 아이가 나의 설명을 이해하는 데 시간이 많이 걸리거나, 반복된 실수를 하면 (물론 영상 편집의 힘으로, 천사 아빠처럼 비춰지고 있습니다만) 나도 모르게 '버럭' 화를 내는 아빠가 되었습니다. 가르치는 일이 얼마나 어려운 일인지 진땀을 뺀 적이 한 두 번이 아니었습니다. 그러면서 차츰 아이의 교육에 관한 정보들을 찾아보고, 교육학 서적을 정독하게 되었습니다. 그러면서 깨달았지요. 아이가 MAPS 코딩을 교육과 학습으로 여기지 않게 하기 위해 가장 주의해야 할 점이 바로 '아이의 실수를 용납하는 일'과 '기다려 주는 일'이라는 것을 말입니다.

처음 코딩을 접한 아이는 무의식적으로 행동했던 것들을 의도적으로 생각하여 행동해야 하고, 의식적으로 선택하여 행동해야 하기 때문에 혼란과 어려움을 느낍니다. 또 주어진 문제를 재빨리, 잘 해결해내지 못했다고 생각하여 주눅이 들거나, 당황

하기도 합니다. 그럴 때 부모가 꼭 해야 할 일이 있지요. '괜찮아, 잘했어'라고 격려해 주거나, '조금만 더 생각해 볼까?', '왜 그렇게 생각했는지 함께 이야기해 볼까?'와 같이 기다려 주는 것이지요. 그러면 아이는 머릿속에 숨겨둔 생각 주머니의 어딘가에 숨어 있는 구슬을 찾기 위해 손을 휘젓습니다. 그러다가 반짝이는 자신만의 구슬을 찾아 내밀지요. 아이가 생각 주머니를 더 많이 휘저을 수 있도록 아이에게 시간과 기회를 주세요. 생각 주머니는 아이가 휘젓는 만큼 반드시 커집니다. 그리고 생각 주머니가 커지는 만큼 '창조력과 컴퓨팅 사고 능력' 또한 자라날 것입니다.

엄마 아빠도 코딩을 알아야 할까요?

부모가 피아노, 플루트, 바이올린 등 악기를 자유자재로 연주하거나 노래를 작곡할 능력이 없어도, 아이의 노래를 들으면 노래 실력을 판단할 수 있습니다. 또 부모가 초상화나 정물화의 대가는 아니어도 아이가 그린 집이나 사람 그림 등을 보면, 아이의 그림 수준을 대강은 파악할 수 있지요. 이는 부모가 음악이나 미술을 배웠던 경험에서 체득된 기준이 있기 때문입니다. 부모가 코딩을 정식으로 배운 세대가 아닐지라도, 코딩의 기본 개념을 확실히 이해한다면 아이가 현재 코딩으로 어떤 문제를 해결하려고 하는지 함께 대화하고, 참여할 수 있게 됩니다.

문제 확인
무엇이 안 되니?
어떻게 되길 바라니?

조건 확인
무엇 때문이라고 생각하니?
그러려면 무엇이 필요할까?

반복 구간 확인
얼마나 반복해야 할까?

문제 확인, 조건 확인, 반복 구간 확인에 대한 위와 같은 간단한 질문을 통해 아이의 코딩 사고에 함께 참여할 수 있습니다. 이것만으로도 코딩 학습의 주도권을 코딩학원이나 코딩 교재 등에 빼앗기지 않고, 부모와 아이가 쥘 수 있는 것입니다. MAPS 코딩은 아이가 현재 배우고 있는 어느 교과목이든 응용하여 접목할 수 있습니다.

반드시, 언플러그드 코딩으로 시작해야 하는 까닭

컴퓨터를 이용하여 구동하는 소프트웨어와 달리, 언플러그드 코딩은 설계부터 완성까지 사람의 개입이 필요합니다. 아이와 함께 언플러그드 코딩을 하는 것이 목적이라면 더 그렇습니다. 부모가 일일이 코딩에 필요한 준비물을 챙기고, 코딩 방법에 대해 설명하고, 문제 해결 과정을 함께하며, 무엇을 반복할지, 몇 번이나 반복할지 프로그래밍해야 하기 때문이지요. 번거롭고 힘든 과정이라고 느낄 수 있지만, 오직 코딩을 통한 문제 해결 자체에만 집중할 수 있다는 장점이 있습니다. 그만큼 문제를 분석하고, 해결 방법을 찾아낼 시간과 기회를 마련한다고 생각하세요.

컴퓨터 프로그래머들도 프로그래밍을 할 때 종이나 칠판에 도형과 기호 등으로 코딩에 필요한 '명령의 조립과 순서'를 설계합니다. 그리고 예상되는 오류와 한계를 미리

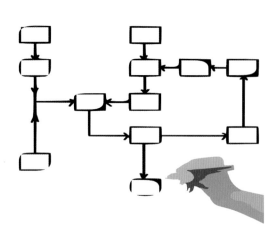

생각하고 대비합니다. 이러한 일련의 과정이 끝난 후에야 비로소 키보드에 손을 얹고 프로그래밍 작업을 시작합니다. 숙련된 프로그래머들도 코딩 프로그램의 응용력에만 의존하여 문제를 분석하고, 쉽게 해결하지 않습니다. 이처럼 언플러그드 코딩은 코딩 개념을 정립하기 위한 기반입니다.

긍정적으로 생각해 볼까요? 언플러그드 코딩은 컴퓨터나 로봇의 전원을 켜 작동시키거나, 처음 접한 복잡한 기계의 사용법을 익혀야 하는 등의 문제는 신경 쓰지 않아도 됩니다. 코딩을 하는 동안 배터리가 다 닳아 로봇의 전원이 끊길 염려도 없습니다.

MAPS 언플러그드 코딩이 때로는 구멍이 숭숭 뚫려 비가 새는 집처럼 느껴질 수도 있습니다. 아이 스스로 어려움과 실패를 겪고, 부족한 해결 방법을 찾아내 제시해 보면서 그 구멍들을 메워 튼튼한 집을 짓는 경험을 얻게 해 주세요. 그 경험의 가치는 추후 무엇과도 바꾸지 못할 것입니다.

PART 2

규칙밖에 난 몰라
>> 코딩과 규칙

Chapter Goals
—
컴퓨터는 약속된 명령대로만 움직인다.

규칙 만들기를 배웁니다.

언플러그드 코딩의 첫발은 컴퓨터 작동의 가장 기본적인 원리인 '규칙 만들기'입니다. 컴퓨터는 인간이 정해 준 규칙대로만 움직입니다. 규칙을 정해 명령어를 입력하면, 한 치의 오차 없이 그대로 실행하지요.

컴퓨터가 지켜야 할 규칙을 만드는 놀이를 통해 아이는 컴퓨터 소프트웨어가 지니는 본질을 이해할 수 있습니다. 컴퓨터를 원하는 대로 작동시키려면 아이 스스로 규칙을 만들고, 모든 규칙을 컴퓨터에 입력해야 합니다.

규칙 만들기는 나무나 블록으로 만든 장난감 자동차, 인형 등에 의미를 부여할 수 있는 버튼 모양의 메모지나 스티커 등만 있다면 충분합니다.

MAPS 코딩의 실제 활용 사례를 보면서, 아이와 똑같이 따라하거나 응용해 보세요. 그리고 나아가 여러분만의 MAPS 코딩을 설계해 보세요.

1교시 빵빵! 블록 자동차 운전하기

M 음악 A 미술 P 놀이 S 스토리텔링

난이도	💡💡💡
준비물	블록 장난감, 명령어를 적을 수 있는 블록이나 스티커
놀이 설명	블록 장난감은 블록을 쌓아 올리면 기능이 더해지고, 블록을 빼면 기능이 빠집니다. 각 기능별로 블록의 색깔과 길이를 달리하여 아이들의 이해를 도울 수 있습니다.
놀이 방법	① 블록 자동차는 필요한 명령어 없이는 움직이지 않습니다. ② 블록 자동차는 명령어가 적힌 블록을 꽂거나, 스티커를 붙일 때만 명령어대로 움직일 수 있습니다.

- 바퀴와 몸통은 있는데 사람이 직접 밀어야만 움직이는 자동차가 있습니다.
- 자동차의 역할을 하려면 어떤 명령이 필요할지 이야기해 보고, 명령에 맞는 블록을 하나씩 쌓아 봅니다.
- '앞으로 가', '멈춰' 등의 기능은 블록을 쌓을 때만 장난감 자동차에 적용된다는 규칙을 정합니다.

≫ 문제 제기

부모 우리가 하나씩 명령을 가르쳐 주어야 해. 먼저 자동차가 앞으로 가려면 어떤 기능이 필요할까?

아이 앞으로 가기가 필요해요.

부모 우리가 '앞으로 가'를 자동차에게 가르쳐 주기 위해서 기능을 추가했어. (자동차를 손으로 밀며) 그랬더니 자동차가 앞으로 가네.

≫ 문제 제기

부모 앗, 길이 없어지는데도 멈출 수가 없어. 어떻게 하면 좋을까?

부모 ○○이가 자동차에게 '멈춰' 기능을 주었네. 이것 봐. 그랬더니 자동차가 멈출 수 있어. 이제 자동차가 필요할 때마다 멈출 수 있겠다. 그렇지?

≫ 문제 제기

부모 길이 끝나서 자동차가 뒤로 가야 하는데 뒤로 갈 수가 없네. 어떻게 해야 할까?

부모 ○○이가 자동차에게 '뒤로 가기' 기능을 주었네. 이것 봐, 그랬더니 자동차가 뒤로 갈 수 있어. 이제 자동차가 '앞으로 가 – 멈춰 – 뒤로 가' 이 세 가지 명령을 실행할 수 있구나.

≫ 문제 제기

부모 자동차를 타고 왼쪽으로 가고 싶은데 갈 수가 없네. 어떻게 해야 할까?

부모 ○○이가 자동차에게 '왼쪽으로 돌아' 기능을 주었네. 이것 봐, 그랬더니 자동차가 왼쪽으로 돌 수 있어.

≫ 문제 제기

부모 목적지에 도착해서 오른쪽으로 돌아가야 하는데, 자동차는 아직 '오른쪽 돌기'를 할 수 없네. 어떻게 해야 할까?

부모 ○○이가 자동차에게 '오른쪽으로 돌아' 기능을 주었네. 이것 봐, 그랬더니 자동차가 오른쪽으로 돌 수 있어.

≫ 문제 제기

부모 앗, 앞에 사람이 지나가고 있어. '빵빵, 조심 하세요!' 하고 경고해야 해. 자동차에게 '빵빵' 경고하는 소리를 낼 수 있는 기능을 주자.

부모 ○○이가 자동차에게 '빵빵 소리 내기' 기능을 주었네. 그랬더니 이제 사람이 앞에 있을 때마다 조심하라고 소리를 낼 수 있어.

≫ 문제 제기

부모 자 이제 우리 한 번 '멈춰' 블록을 빼 볼까? 어떻게 될 것 같아?"

아이 차가 멈출 수 없어요.(멈춰 블록을 뺀 후, 차를 출발시켜 좌우로 왔다 갔다 합니다. 자동차 앞에 누군가 나타납니다.)

부모 멈춰야 해! 그런데 우리가 '멈춰' 기능을 빼 버려서, 자동차는 멈출 수 없어.('꽝!'하고 부딪힙니다.)
우리가 '멈춰' 명령을 빼 버리니까, 자동차는 알고 있었던 기능도 사용하지 못해.

블록 자동차뿐만 아니라 다른 장난감이나 인형 등에도 다양한 명령어를 적어 붙였다 떼었다 하면서 반복해서 놀이해 봅니다.

인형을 준비합니다.	'앞으로 가' 스티커를 붙입니다.	'멈춰' 스티커를 붙입니다.	'왼쪽 돌기' 스티커를 붙입니다.
명령어가 없어서 움직일 수 없습니다.	앞으로 갈 수 있습니다.	멈출 수 있습니다.	왼쪽으로 방향 변경이 가능합니다.

'오른쪽 돌기' 스티커를 붙입니다.	'뒤로 가' 스티커를 붙입니다.	'소리 내기' 스티커를 붙입니다.
오른쪽으로 방향 변경이 가능합니다.	뒤로 갈 수 있습니다.	소리를 낼 수 있습니다.

장난감 자동차

앞으로 가: GO	뒤로 가: BACK	멈춰: STOP
오른쪽 돌기: RIGHT	왼쪽 돌기: LEFT	경적 소리 내기: 클랙슨

장난감 로봇

앞으로 가: GO	뒤로 가: BACK	멈춰: STOP
오른쪽 돌기: RIGHT	왼쪽 돌기: LEFT	팔 벌리기
팔 모으기	잡기	팔 들어올리기

가족들과 함께 여행 계획을 세우려고 합니다. 지도를 살펴보고 아래 질문을 해결해 보세요.

1. 가운데 ①에서 ⑤으로 가려면 어떤 명령어가 필요합니까? 가능한 모든 길을 찾아 명령어를 만들어 보세요.

2. 가운데 ①에서 ⑤까지 가장 빠른 길로 가기 위한 명령어를 만들어 보세요.

3. 오른쪽 위의 ①에서 ③으로 가는 길은 모두 몇 가지이며, 그중 어느 길이 가장 빠릅니까?

2교시 내가 만든 종이 컴퓨터

M 음악 | A 미술 | P 놀이 | S 스토리텔링

난이도	💡💡💡
준비물	색종이, 색연필, 가위, 풀, 스카치테이프, 실, 여러 가지 재활용품(종이 박스, 요구르트 빈 병, 두루마리 화장지 심지, 다 쓴 물티슈 뚜껑 등)
놀이 설명	종이 박스와 색종이 등을 활용해 컴퓨터의 기능을 표현해 봅니다.
놀이 방법	① 종이 박스에 구멍을 낸 후, 여닫을 수 있는 문을 만들어 명령어 카드를 넣고 뺄 수 있게 합니다. ② 컴퓨터가 작동하기 위한 모든 기능은 저절로 실행되는 것이 아니라, 명령어에 의해 이루어진다는 컴퓨터의 기본 작동 원리를 체험하게 합니다.

〉〉상황

종이 상자 앞면에 흰색 종이를 붙인 후, 구멍을 뚫습니다. 다 쓴 물티슈 뚜껑을 활용해 여닫을 수 있는 문을 만듭니다.

〉〉상황

종이 상자 앞면에 비디오카메라의 '재생', '녹화', '정지' 기능 버튼을 그려 넣습니다. 종이 상자에 요구르트 병을 붙여 넣어 스피커를 만들고, 요구르트 병과 두루마리 화장지 심지를 활용해 마이크를 만듭니다.

〉〉상황

종이에 키보드를 그려 넣습니다. 아이의 수준에 맞게 글자를 써넣거나, '음악을 들려 줘' 등의 명령어를 써넣습니다. 아직 글자를 모르는 아이의 경우, 이미지로 명령어를 만들어 넣습니다. 그리고 두꺼운 실을 이용해 키보드와 종이 박스 컴퓨터를 연결합니다.

4 ≫ 비디오카메라 기능에 대한 명령어

① '녹화' 버튼을 작동시키면 카메라 렌즈로 들어오는 신호를 저장한다.
② '재생' 버튼을 작동시키면 저장된 신호를 화면에 보여 준다.
③ '정지' 버튼을 작동시키면 ①, ②의 명령을 모두 중지한다.

≫ 상황

비디오카메라의 기능에는 무엇이 있는지 생각한 후, 가능한 명령어를 모두 적어 봅니다.

≫ 상황

비디오카메라 기능에 해당하는 명령어를 적은 종이를 여러 번 접은 후, 종이 상자로 만든 컴퓨터 안에 집어넣습니다. 명령어가 컴퓨터에 입력된 후에 컴퓨터가 작동할 수 있음을 설명해 줍니다.

6 ≫ 마이크 기능에 대한 명령어

① '불이야!'라는 소리가 들리면, 119번으로 전화를 걸어 '주소'와 '연락처'를 보낸다.
② '도와주세요!'라는 소리가 들리면, 112번으로 전화를 걸어 '위치 정보'를 보낸다.
③ '재생' 버튼을 작동시키면 스피커로 소리 신호를 내보낸다.
④ '녹음' 버튼을 작동시키면 마이크를 통한 소리 신호를 저장한다.
⑤ '정지' 버튼을 작동시키면 ③, ④의 명령을 모두 중지한다.

≫ 상황

마이크의 기능에는 무엇이 있는지 생각한 후, 가능한 명령어를 모두 적어 봅니다.

>> 상황

마이크 기능에 해당하는 명령어를 적은 종이를 여러 번 접은 후, 종이 상자로 만든 컴퓨터 안에 집어넣습니다. 명령어가 컴퓨터에 입력된 후에 컴퓨터가 작동할 수 있음을 설명해 줍니다.

8 >> 계산기에 대한 명령어

① 더하기(+) 버튼을 작동시키면 +기호의 앞, 뒤 숫자를 더한다.
② 빼기(−) 버튼을 작동시키면 −기호 앞의 숫자에서 뒤의 숫자를 뺀다.
③ 등호(=) 버튼을 작동시키면 ①, ②의 결과를 =기호 앞의 변수에 저장한다.

>> 상황

계산기의 기능에는 무엇이 있는지 생각한 후, 가능한 명령어를 모두 적어 봅니다.

>> 상황

계산기 기능에 해당하는 명령어를 적은 종이를 여러 번 접은 후, 종이 상자로 만든 컴퓨터 안에 집어넣습니다. 명령어가 컴퓨터에 입력된 후에 컴퓨터가 작동할 수 있음을 설명해 줍니다.

≫ 상황

비디오카메라, 마이크, 계산기 외 이메일, 게임 등 여러 가지 기능에 대한 명령어를 적어서 종이 상자 컴퓨터 안에 넣을 수도 있습니다.

컴퓨터, 게임기 등의 프로그램에는 실제로 어떤 명령어가 있는지
아이와 함께 찾아 보고, 이야기해 봅니다.

3교시 숨어 있는 명령어를 찾아라!

M 음악 | A 미술 | P 놀이 | S 스토리텔링

난이도	💡💡💡
준비물	노트, 필기도구
놀이 설명	야구, 농구, 축구 등 스포츠 경기에는 저마다의 규칙이 있습니다. 아이와 함께 스포츠 경기를 관람하거나 텔레비전 등으로 시청하면서 스포츠 경기에 숨어 있는 규칙을 찾아내 봅시다.
놀이 방법	아이에게 스포츠 경기의 규칙을 미리 알려 주지 말고, 어떤 규칙이 숨어 있는지 아이가 스스로 찾아낼 수 있게 도와주세요.

종목:				
누가	명령어 1	명령어 2	명령어 3	명령어 4

부모 ○○아, 지금부터 야구 경기를 관람할 거야. 야구 선수들이 로봇이라고 생각하고, 야구 경기에 숨어 있는 명령어는 무엇인지 찾아내 보자. 먼저 저기 공을 던지는 투수가 어떤 행동을 하는지 잘 살펴보고, 숨어 있는 명령어를 말해 볼까?

종목:야구

누가	명령어 1	명령어 2	명령어 3	명령어 4
투수	공을 던진다.	포수를 바라본다.	주자를 감시한다.	공을 잡는다.
포수	공을 잡는다.	공을 던진다.	사인을 준다.	
타자	방망이를 잡는다.	방망이를 휘두른다.	공을 멀리 보낸다.	뛴다.
수비	공을 지켜본다.	공을 잡는다.	동료에게 공을 전달한다.	뛴다.
심판	시작을 알린다.	목소리로 외친다.	몸동작으로 아웃을 표현한다.	공을 던진다.

종목 : 야구

누가	명령어 1	명령어 2	명령어 3	명령어 4
투수	공을 던진다.	투수는 포수의 글러브 주변으로 공을 던진다.	포수의 사인을 읽는다.	
포수	투수에게 공을 던져야 할 곳과 방법을 지시한다.	포수는 투수가 던지는 공을 잡는다.	수비수에게 공을 던진다.	
타자	투수가 던지는 공을 지켜본다.	야구 방망이를 휘둘러 공을 맞히려고 해야 한다.	타자는 공을 친 이후, 다음 루를 향해 뛰어야 한다.	자기 편이 공을 치고 달리면, 다음 루를 향해 뛰어야 한다.
수비	자기 위치에 서 있는다.	공이 다가오면 공을 잡는다.	타자가 달리고 있는 루를 향해 공을 던진다.	
심판	시작을 알린다.	스트라이크, 볼을 판단해서 말한다.	투수에게 공이 없을 때 공을 던진다.	아웃을 판단해서 말한다.

4교시 규칙대로 색칠하기

M 음악 | A 미술 | P 놀이 | S 스토리텔링

난이도	🔵🔵🔵
준비물	스케치북 , 색연필
놀이 설명	규칙을 만들고, 규칙에 따라 칸을 색칠하는 놀이입니다.
놀이 방법	① 스케치북에 아이의 수준에 맞게 격자를 그리게 합니다. ② 규칙을 정합니다. 　(1) 네 가지의 색깔로만 색칠합니다. 　(2) 같은 색깔을 위, 아래, 양쪽 옆에 칠하면 안 됩니다. 　(3) 세 번 실패하면 놀이가 끝납니다.

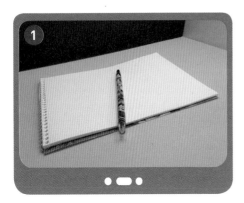

〉〉조건
색연필과 스케치북을 준비합니다.

〉〉설명
스케치북에 일정한 크기로 네모 칸을 그립니다.

〉〉조건
가로선을 긋습니다.

〉〉설명
가운데 선을 긋고 일정한 간격으로 가로선을 그립니다.

〉〉조건
세로선을 긋습니다.

〉〉설명
가로선과 같이 일정한 간격으로 세로선을 그립니다.

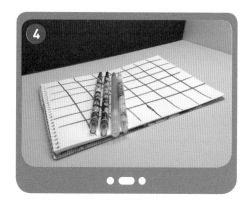

>> 조건

4~5자루의 색연필을 준비합니다.

>> 설명

너무 많은 색깔을 준비하면 규칙이 필요 없게 됩니다.

>> 조건

규칙대로 색칠합니다.

>> 설명

네 가지의 색깔로 색칠합니다.
위, 아래, 양쪽 옆에는 같은 색깔을 칠하지 않습니다.

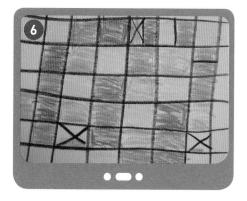

>> 조건

규칙대로 색칠했는지 확인합니다.

>> 설명

파란색 옆에 똑같은 색을 칠해서 1차 실패합니다. 세 번 실패하면 놀이가 종료됩니다.

7

≫ 조건

3차 실패로 색칠하기를 종료합니다.

≫ 설명

동생이 세 번 실패하면서 게임이 끝났습니다.

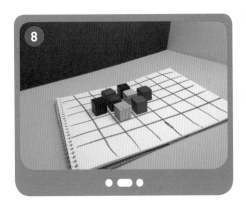

≫ 설명

색칠하기 이외에도 색종이, 나무, 블록 등으로도
놀이가 가능합니다.

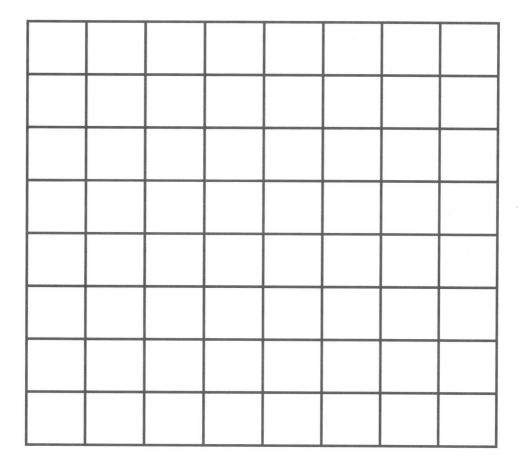

1. 규칙에 따라 색칠하기가 쉽게 느껴졌다면 가로줄과 세로줄을 더 많이 그려 네모 칸 수를 늘립니다. 그리고 색연필 개수를 점점 줄여 봅니다.

2. 색연필 대신 똑같은 크기의 색종이를 붙이면서 규칙을 지켜 놀이해 봅니다.

3. 그 밖에 다른 규칙을 만들어 추가해 봅니다.

    예 (1) 빨간색은 세로줄마다 한 번만 색칠할 수 있습니다.

    (2) 노란색을 선택했다면, 곧바로 다른 알맞은 칸에 노란색을 한 번 더 색칠해야만 다른 색으로 변경할 수 있습니다.

    (3) 초록색을 선택했다면, 위, 아래, 양쪽 옆이 모두 빈칸인 곳에 색칠해야 합니다.

5교시 로봇처럼 연주하기

M 음악 · A 미술 · P 놀이 · S 스토리텔링

반짝 반짝 작은 별

난이도	🔘🔘🔘
준비물	악기, 음악책
놀이 설명	주어진 계이름으로만 연주하거나 노래를 부르는 놀이입니다. 컴퓨터가 주어진 명령 이외에는 작동하지 못하는 것처럼, 주어지지 않은 계이름에 해당하는 가사를 부르지 못하거나 주어진 계이름 이외에는 연주하지 못하는 상황을 통해 코딩의 개념을 배울 수 있습니다.
놀이 방법	① '도레미파솔라시도' 중에서 도, 레, 미 계이름만 코딩한 것으로 약속합니다. 그리고 아이가 알고 있는 노래를 부르거나, 연주하게 합니다. 이때 도, 레, 미만 부르거나 연주할 수 있습니다. ② 점차 정상적인 노래나 연주를 할 수 있도록 코딩한 계이름을 하나씩 추가합니다. ③ 부모와 아이가 역할을 바꾸어 해 봅니다. 그리고 활동을 하면서 느낀 점에 대해 이야기를 나눕니다.

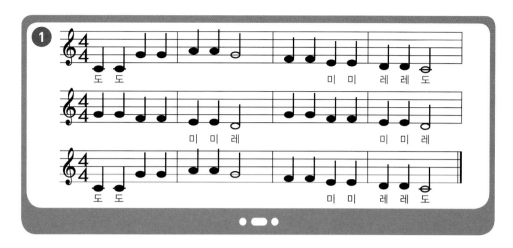

>> **단계** 계이름이 도, 레, 미인 부분만 연주합니다.

>> **설명**

- 이 곡은 도부터 라까지의 음으로 이루어진 곡입니다. 먼저 도, 레, 미 부분만 소리를 내 보도록 합니다.
- 문제를 내는 사람이 요구하는 계이름 부분만 소리 내어 부르거나, 연주하여 어떤 곡인지 알아맞혀 봅시다.

부모   이제 이 곡의 악보에서 계이름이 도, 레, 미인 부분만 소리를 내 볼게. 무슨 곡인지 맞춰 봐.

아이   소리가 도, 레, 미밖에 없으니 무슨 곡인지 알 수가 없어요. 그럼 이번에는 '파' 음도 같이 소리 내어 주세요.

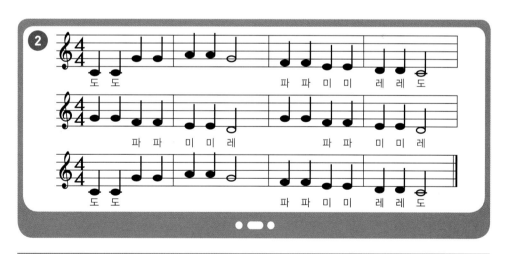

>> **단계** 계이름이 도, 레, 미, 파인 부분만 연주합니다.

>> **설명**

아이   계이름이 몇 개 밖에 없어서 아직까지는 무슨 곡일지 알 듯 말 듯 해요.

부모   컴퓨터도 주어진 명령 범위에서만 움직일 수 있으니까, 명령이 제대로 완성되지 않거나, 몇 가지 명령이 빠진다면 제대로 작동하지 않겠지?

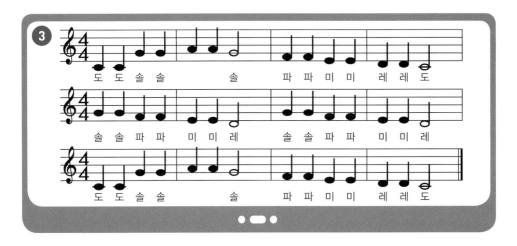

≫ 단계 계이름이 도, 레, 미, 파, 솔인 부분만 연주합니다.

≫ 설명

아이   이제 무슨 노래인지는 알 것 같아요.
부모   무슨 곡 같니?
아이   '반짝반짝 작은 별'이에요.
부모   잘 맞혔네. 그런데 이 상태로 누군가에게 이 곡이 완성되었다고 할 수 있겠니?
아이   아니요.
부모   그럼 어떤 계이름을 추가하면 좋을까?
아이   '라'를 추가해야겠어요. 도부터 라까지 연주해 주세요.

≫ 단계 계이름이 도, 레, 미, 파, 솔, 라인 부분만 연주합니다.

≫ 설명

부모   도부터 라까지만 소리를 내었는데 곡 전체를 연주할 수 있게 되었구나.
아이   이제야 곡이 완성 된 것 같아요.
부모   주어진 계이름이 부족하면, 제대로 연주할 수 없는 것과 같이 컴퓨터도 마찬가지란다. 필요한 모든 명령을 준비해야 컴퓨터가 제대로 작동할 수 있게 된단다.

다른 곡도 도, 레, 미부터 계이름을 하나씩 추가하면서 몇 번째 만에 곡 이름을 알아맞힐 수 있는지 놀이해 봅니다.

곡 이름을 알아맞힌 후, 몇 개의 계이름을 더 추가해야 곡을 완성할 수 있는지 생각해 봅니다.

제목:

6교시 로봇이 사는 동화 속 세계

M 음악   A 미술   P 놀이   S 스토리텔링

난이도	💡💡💡
준비물	벌거벗은 임금님 이야기
놀이 설명	동화 속 등장인물이 로봇이라 생각하고 여러 가지 명령어를 더하고 빼면서 어떤 결과가 나올지 상상해 봅니다.
놀이 방법	① 동화책을 읽고 등장인물들이 로봇이라고 생각해 봅니다. ② 등장인물에게 어떤 기능이 있는지 찾아봅니다. ③ 등장인물에게 어떤 기능이 없는지 이야기해 봅니다.

👆 벌거벗은 임금님

》상황
'옷이 보인다고 말하는 사람들'이 있습니다.

》질문

부모 욕심 많은 임금님이 신하들에게 속아, 자신의 옷이 어떠냐고 물었을 때 신하들은 무엇이라고 대답했지?

아이 임금님의 옷이 멋지다고요.

부모 임금님의 신하들이 로봇이라고 한다면, 그들에게는 어떤 기능이 있을까?

아이 '옷이 멋집니다', '옷이 눈에 보입니다'라고 말하는 기능이요.

부모 신하 로봇에게는 실제로 옷을 입었는지 안 입었는지 확인할 수 있는 명령어가 있었을까?

아이 아니요.

부모 임금님이 옷을 입었는지 확인하는 명령어가 있을 수도 있고, 없을 수도 있어. 그리고 임금님이 옷을 안 입고 있는데도 '옷이 안 보입니다'라고 말하는 기능은 없네.

≫ 상황

'임금님이 옷을 벗었다고 말하는 아이'가 있습니다.

≫ 질문

부모 임금님이 옷을 벗었다고 말한 아이가 로봇이라면, 아이에게는 어떤 기능이 있을까?

아이 '임금님이 옷을 벗었다'라고 말하기요.

부모 또 다른 기능은 무엇일까?

아이 임금님이 실제로 옷을 입고 있는지 안 입었는지 확인할 수 있는 기능이요.

부모 '임금님 옷이 멋집니다'라고 말하는 기능도 있을 수 있어. 실제로 임금님이 멋진 옷을 입고 있었다면, 아이 로봇은 그런 표현을 썼을 거야.

다른 이야기를 읽고 난 후 이야기 속 등장인물을 로봇이라고 생각하고, 어떤 기능이 있는지 이야기해 봅니다. 또 어떤 기능이 없어서 문제가 발생했는지도 찾아봅니다.

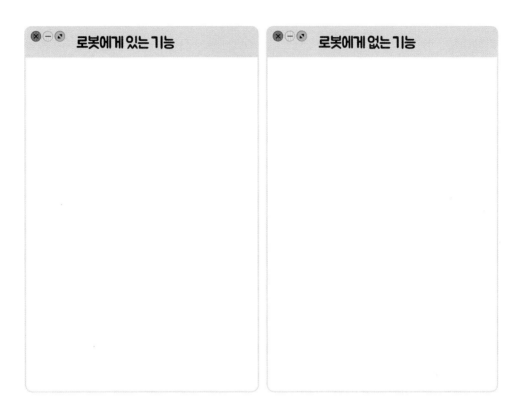

⊗ ⊖ ⊙ 로봇에게 있는 기능	⊗ ⊖ ⊙ 로봇에게 없는 기능

PART 3

순서를 지켜라
>> 명령의 흐름

Chapter Goals
—
컴퓨터는 명령된 순서대로 움직인다.

컴퓨터는 코딩한 순서대로
동작한다는 것을 배웁니다.

지난 장에서 여러 가지 MAPS 코딩을 통해 컴퓨터는 약속된 명령대로만 움직
인다는 것을 익혔습니다. 명령의 종류는 헤아릴 수 없이 많으며, 컴퓨터는 명
령한 대로만 움직이지요. 그렇기 때문에 컴퓨터에게 명령할 때 중요한 것이
바로 '순서'입니다.

아이에게 "나갈 준비를 하고, 현관문 앞에서 기다려줘."라는 명령을 내릴 때
'순서'의 중요성에 대해 이미 언급한 바 있습니다. 양말 두 짝을 한 발, 한 발에
제대로 신고, 신발 두 짝을 왼발, 오른발에 맞추어 신은 후, 현관문 앞에 서있
기 위해서는 일의 순서를 잘 알고, 지켜야 하지요. 순서가 엉키면 어느 것도 제
대로 이루기 힘듭니다.

예를 들어 '앉아'와 '일어서'라는 각각의 명령어가 입력된 로봇이 있습니다. 이
로봇은 자유자재로 앉고 일어설 수 있습니다. 여기에 명령의 순서를 입력하게
되면 '앉아→일어서'와 '일어서→앉아'를 원하는 순서대로 시킬 수 있게 되는
것이지요.

MAPS 코딩으로 다양한 명령어를 순서대로 실행함으로써 문제를 해결하는
방법을 배워 봅시다.

Ⓜ 음악　Ⓐ 미술　Ⓟ 놀이　Ⓢ 스토리텔링

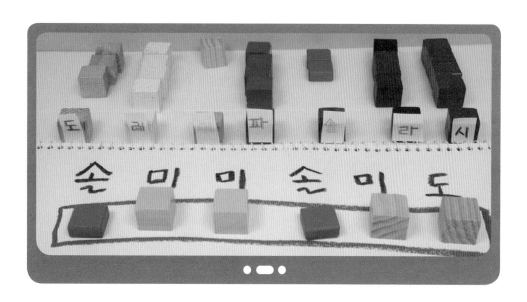

난이도	💡💡💡
준비물	계이름 도, 레, 미, 파, 솔, 라, 시 건반 역할을 할 수 있는 블록이나 막대, 스티커, 계이름을 연주할 수 있는 가락 악기(스마트폰 애플리케이션을 활용해도 좋습니다.)
놀이 설명	동요 '산토끼'를 연주할 수 있도록 계이름을 대표하는 막대나 블록을 정해 순서대로 연주합니다.
놀이 방법	① 계이름마다 약 3~5개씩 동일한 크기와 모양의 블록이나 막대를 준비합니다. ② 악보를 보여 주거나 부모와 아이가 같이 노래를 부르면서, 아이가 해당 계이름에 맞는 블록을 꽂아서 '실행' 명령을 하면, 부모가 계이름에 맞는 음을 연주합니다. ③ 아이가 아직 글자를 모르면, 계이름을 글자로 쓰는 대신 색깔 블록을 활용해도 좋습니다.

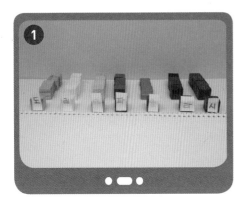

≫ 상황

반복되는 계이름이 나오기 때문에, 계이름당 3~5개씩의 블록을 준비합니다.

≫ 설명

계이름 순서에 맞춰 블록을 놓습니다.

≫ 상황

계이름을 적고 아래에 빈칸을 그립니다.

≫ 설명

컴퓨터가 동요 산토끼를 부를 수 있도록, 왼쪽에서 오른쪽의 순서로 계이름에 맞추어 블록을 놓습니다.

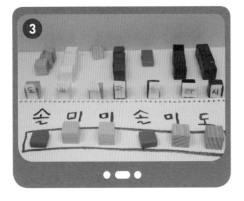

≫ 상황

첫 소절의 계이름에 맞추어 블록을 놓습니다.

≫ 설명

솔은 파란색, 미는 노란색입니다. 왼쪽에서 오른쪽 순서로 계이름을 불러 봅니다.

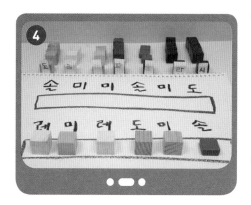

≫ 상황

다음 소절을 진행합니다.

≫ 설명

첫 소절 연주 명령이 끝나면 첫 소절 명령 칸의 블록을 치웁니다.

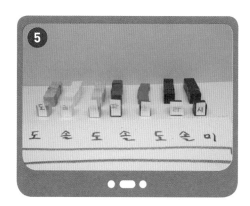

≫ 상황

계이름에 맞추어 블록을 정리합니다.

≫ 설명

다음 소절 명령 칸을 준비합니다.

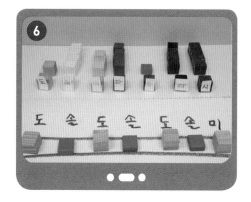

≫ 상황

다음 소절을 진행합니다.

≫ 설명

명령 칸에 계이름에 맞는 블록을 놓습니다.

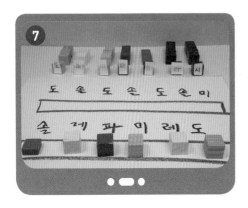

≫ 상황

마지막 소절을 진행합니다.

≫ 설명

명령 칸에 계이름에 맞는 블록을 놓고, 아이가 입력한 대로 악기를 연주해 봅니다. 만약 연주할 때 음이 이상하다면, 어디가 이상한지 찾아봅니다.

• **성공한 경우**

부모 　○○이가 입력한 대로 연주를 했더니 산토끼 노래가 완성됐네.

• **실수가 생겼을 경우**

부모 　어느 부분의 소리가 이상하지? 다시 듣고 함께 찾아볼까?

M 음악 　A 미술 　P 놀이 　S 스토리텔링

난이도	🔵🔵🔵
준비물	크레파스(색연필), 스케치북
놀이 설명	빨강, 주황, 노랑, 초록, 파랑, 남색, 보라의 무지개 색깔을 순서대로 칠해야 합니다.
놀이 방법	입력 칸 역할을 할 수 있는 종이를 스케치북 위에 올려 두고 아래에서부터 혹은 위에서부터 색칠하기로 약속합니다. 부모가 미리 준비한 새로운 색깔의 무지개를 정해 색칠해도 됩니다.

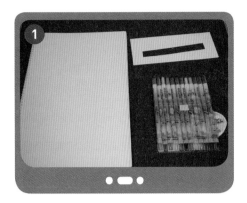

〉〉설명

색깔을 하나씩 칠할 수 있도록 가운데 구멍을 낸 종이를 준비합니다. 종이 입력 칸이 준비된 곳에, 순서대로 색을 칠해야 한다는 조건을 알려 줍니다.

〉〉상황

스케치북 위에 입력 칸을 올린 후 첫 번째 색을 칠합니다.

〉〉설명

부모	자, 이제 스케치북 위에 올려놓은 입력 칸에 색깔을 입력해야 해, 무지개의 첫 번째 색깔이 뭘까?
아이	빨간색요.
부모	맞아, 첫 번째 색깔을 입력해 주세요.

〉〉상황

두 번째 색을 입력합니다.

〉〉설명

입력 칸이 위로 이동하면, 첫 번째 색깔은 보이지 않게 됩니다.
부모　이제 두 번째 색깔을 입력해 주세요.

세 번째 색을 입력합니다.

›› 설명

입력 칸이 위로 이동하면, 세 번째 색깔을 입력합니다.

부모   이제 세 번째 색깔을 입력해 주세요.

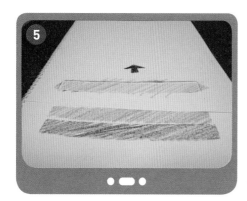

›› 상황

네 번째 색을 입력합니다.

›› 설명

입력 칸이 위로 이동하면, 네 번째 색깔을 입력합니다.

부모   이제 네 번째 색깔을 입력해 주세요.

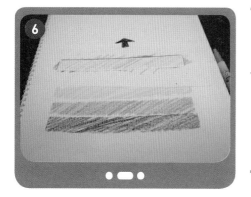

›› 상황

다섯 번째 색을 입력합니다.

›› 설명

입력 칸이 위로 이동하면, 다섯 번째 색깔을 입력합니다.

부모   이제 다섯 번째 색깔을 입력해 주세요.

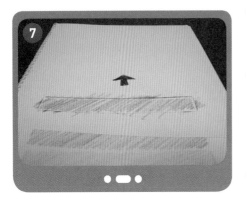

≫ 상황

여섯 번째 색을 입력합니다.

≫ 설명

입력 칸이 위로 이동하면, 여섯 번째 색깔을 입력합니다.

부모 　이제 여섯 번째 색깔을 입력해 주세요.

≫ 상황

일곱 번째 색을 입력합니다.

≫ 설명

입력 칸이 위로 이동하면, 마지막 일곱 번째 색깔을 입력합니다.

부모 　이제 마지막 색깔을 입력해 주세요.

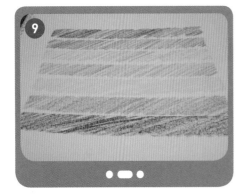

≫ 상황

입력 칸을 제거합니다.

≫ 설명

부모 　우리가 입력 칸이 움직일 때마다 순서대로 입력한 색깔을 볼까? 어때, 무지개 색깔이 맞니?

만약 무지개색의 순서와 다르다면

부모 　몇 번째 색깔이 무지개 색깔 순서와 다르지? 이것처럼 컴퓨터에게 명령할 때 순서대로 명령하지 않으면 생각과는 다른 결과물이 나오게 될 수 있단다.

3교시 ｜ 쓰러지지 않는 도미노 놀이

M 음악 ｜ A 미술 ｜ P 놀이 ｜ S 스토리텔링

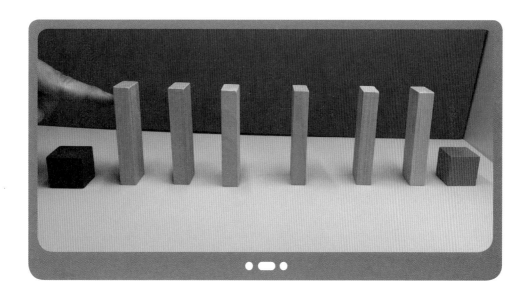

난이도	💡💡💡
준비물	나무 블록(도미노 현상을 보여 줄 수 있는 것)
놀이 설명	빨간색 나무가 시작 하는 곳을 의미하고 파란색 나무가 끝나는 곳을 의미합니다. 그 중간에 정보를 전달하거나 동작을 계속 이어 주기 위한 블록들이 필요합니다. 도미노가 처음부터 끝까지 쓰러지기 위해서는 하나의 블록도 이탈하지 않도록 간격을 맞춰 촘촘히 놓아야 합니다.
놀이 방법	① 도미노의 시작부터 끝까지 블록들이 하나씩 천천히 움직이며 넘어질 수 있게 적당한 힘으로 넘어뜨립니다. ② 도미노의 가운데 블록을 하나 빼낼 때 도미노가 이어서 쓰러지지 않도록 적당한 간격을 유지해야 합니다.

》상황
빨간색 나무 블록 한 개와 파란색 나무 블록 한 개가 있습니다.

》설명
부모 빨간색은 도미노의 시작 지점이고, 파란색은 도미노가 끝나는 지점이야.

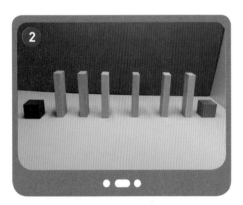

》상황
빨간색 나무 블록과 파란색 나무 블록 사이에 일정한 간격으로 나무 블록들을 세웁니다.

》설명
부모 빨간색 시작점부터 파란색 끝나는 곳까지 나무를 세웠어. 이것은 빨간색 나무 블록에서부터 시작한 힘을 전달하기 위해서야.

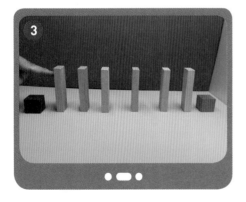

》상황
시작 지점의 빨간색 블록을 넘어뜨립니다.

》설명
부모 여기서 블록 하나를 넘어뜨리면 어떻게 되는지 봐. 블록을 넘어뜨리는 것은 코딩에서 명령을 시작한다는 것과 같은 의미란다.

>> 상황

빨간색 나무 블록과 파란색 나무 블록 사이에 나무가 모두 쓰러져 있습니다.

>> 설명

부모 첫 번째 빨간색 나무 블록을 넘어뜨린 곳에서부터 시작해서 순서대로 넘어져서 파란색 나무 블록까지 도착했지? 이것을 도미노 현상, 도미노 놀이라고 해. 이 모습은 코딩에서 컴퓨터 명령어들이 하나씩 순서대로 동작하는 모습과 매우 닮았단다. 코딩도 어떤 명령어가 앞에 있을지, 뒤에 있을지가 매우 중요하단다.

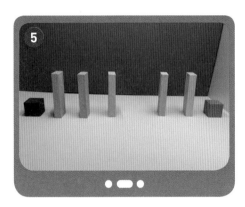

>> 상황

빨간색 나무 블록과 파란색 나무 블록 사이에 일정한 간격으로 나무 블록들을 세웁니다. 그리고 가운데 나무 블록을 한 개 치웁니다.

>> 설명

부모 만약에 가운데 나무 블록 중 한 개를 치우고, 다시 빨간색 나무 블록을 넘어뜨리면 어떤 일이 벌어질까?

>> 상황

나무 블록들이 블록 한 개를 치운 곳까지만 쓰러져 있습니다.

>> 설명

부모 첫 번째 빨간색 나무 블록을 넘어뜨린 곳에서부터 시작해서 차례대로 넘어지다가, 중간에 나무 블록 한 개를 치운 이후의 블록들은 넘어지지 않았어. 코딩에서도 명령어가 진행되다가 중간에 하나라도 빠지면, 지금 이 도미노처럼 컴퓨터가 제대로 작동하지 않을 수 있단다.

무엇이 무엇이 똑같을까?

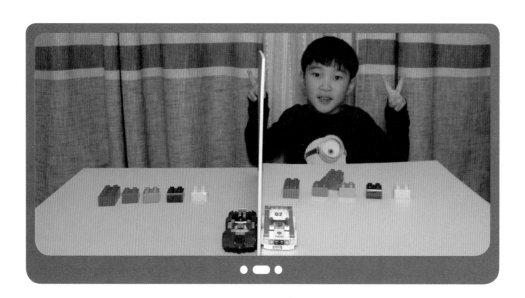

난이도	🔆🔆🔆
준비물	레고 블록이나 나무 블록, 스케치북, 크레파스
놀이 설명	순서대로 탑 쌓기와 그림 그리기를 해 봄으로써 코딩에서 순서를 짜서 명령을 내리는 것이 중요하다는 것을 깨닫게 합니다.
놀이 방법	① 여러 가지 색깔의 나무 블록을 자유롭게 펼쳐 둔 뒤에 부모가 쌓아 올린 탑의 색깔, 모양을 보고 아이가 똑같은 순서와 모양으로 쌓아 올립니다. ② 책상 위에 여러 가지 색깔의 크레파스를 자유롭게 펼쳐 두고, 부모가 스케치북에 그린 그림을 순서와 모양, 색깔이 똑같게 그려 봅니다. ③ 놀이를 재미있게 즐기려면, 부모가 그림을 그리거나 나무를 쌓아 올릴 때 벽을 세워 두거나 아이의 눈을 가리게 해서 완성된 결과물의 순서를 상상할 수 있도록 해 주세요.

🖐 블록으로 탑 쌓기 놀이

》상황

색깔과 모양이 같은 블록을 한 쌍씩 준비합니다.

》설명

부모　내가 먼저 색깔 순서를 마음대로 정해서 탑을 쌓을 거야. 그러면 ○○이가 아래에 서부터 하나씩 블록을 쌓아 올려 쌍둥이 탑을 만들어 보자.

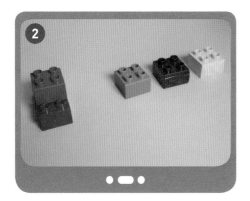

》상황

벽을 세워 탑 쌓는 모습을 가립니다.

》설명

처음에는 세 개 이내로 시작해서 점점 개수를 늘려도 좋습니다.

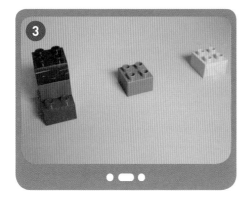

》상황

블록을 쌓아 올려 탑을 만듭니다.

》설명

블록 색깔의 변화, 블록을 쌓는 방향, 모양을 다양하게 쌓는 등 점점 수준을 높여 주세요.

≫ 상황

블록을 쌓아 올려 탑을 만듭니다.

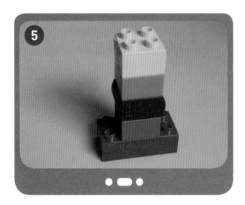

≫ 상황

탑 쌓기를 완료했습니다.

≫ 상황

벽을 치웁니다.

≫ 설명

부모가 완성한 탑이 어떤 색깔과 모양인지 확인하라고 합니다. '시작'을 외치면서 탑 쌓기를 시작합니다.

≫ 상황

제일 아래 블록부터 선택해 탑을 쌓습니다.

≫ 설명

부모 지금 ○○이가 하나씩 순서대로 블록을
선택하는 행동이 코딩에서는 순서대로
움직이는 것과 같은 뜻이란다.

≫ 상황

하나씩 비교하며 블록을 골라 탑을 쌓습니다.

≫ 설명

부모는 정답을 알려 주거나 도와주지 않고 기
다립니다.

≫ 상황

마지막 블록 선택을 완료합니다.

≫ 설명

마지막 블록을 올리고 나면 '완료'라고 말합니다.

>> 상황

부모가 쌓은 탑과 아이가 쌓은 탑을 비교합니다.

>> 설명

칭찬과 함께 왜 이 블록을 선택했는지, 왜 이 블록은 선택하지 않았는지 이야기해 봅니다.

5교시 | 코딩으로 만든 샌드위치

M 음악 **A** 미술 **P** 놀이 **S** 스토리텔링

난이도	💡💡💡
준비물	샌드위치용 식빵, 치즈, 햄 등 샌드위치 속 재료, 잼, 칼, 접시 등
놀이 설명	샌드위치를 만들기 위해 필요한 명령어를 만들고, 샌드위치 만드는 순서에 따라 명령하는 놀이입니다. 아이가 실패를 경험하면서, 어떤 명령을 사용하지 않았는지 스스로 판단해 명령을 추가할 수 있어야 제대로 된 샌드위치 만들기 놀이를 할 수 있습니다.
놀이 방법	① 식빵이나 샌드위치 빵을 봉지를 뜯지 않은 상태로 준비 합니다.
	② 잼이 든 병도 뚜껑이 닫힌 상태로 준비 합니다.
	③ 빵을 자를 칼, 잼을 바를 때 쓸 수저 등도 준비합니다. 단, 이것을 언제 사용하는지 알려 주지 않습니다.
	④ 글을 쓰며 명령하는 것이 어려운 나이에는, 아이가 하는 명령을 부모가 받아 적어 주세요.
	⑤ 아이가 명령한 것 외의 동작으로 샌드위치를 만들지 말고, 원칙을 지켜야 합니다.

👆 놀이 방법

⊗ ⊖ ⊗ 샌드위치 만들기 명령 카드

순서 명령하기

1

2

3

4

5

6

7

8

9

10

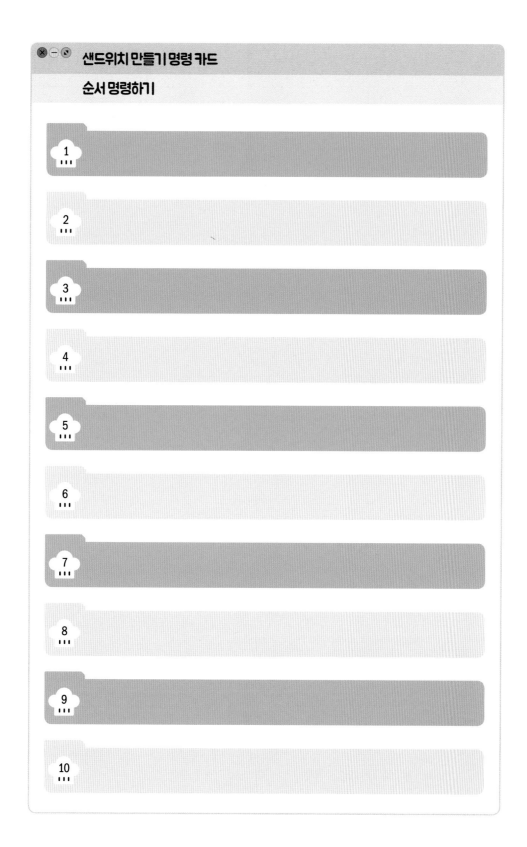

>> 샌드위치 만들기 체크포인트

0	명령카드를 전달한 순간부터 내용을 변경하면 안 됩니다.	
1	빵 비닐봉지를 열었습니까?	<ul><li>만약에 명령 없이 빵을 꺼내라고 하면 알맞은 명령을 만들게 합니다.</li><li>의도적으로 빵을 상자나 그릇 등에 넣어 두면 좋습니다.</li></ul>
2	"빵을 꺼내세요."	<ul><li>개수를 정하지 않았다면 빵을 한 개만 꺼냅니다.</li></ul>
3	"빵을 자르세요."	<ul><li>칼로 빵을 자르라는 명령이 없다면 손으로 자릅니다.</li><li>빵을 자를 방향을 말하지 않았다면, 샌드위치를 먹기 불편한 세로 모양이나 비스듬한 모양으로 자릅니다.</li></ul>
4	잼 뚜껑을 열었습니까?	<ul><li>만약 "잼 뚜껑을 여세요."라는 명령이 없다면 잼이 든 통째로 빵에 비벼야 됩니다.</li><li>고학년 아이에게는 잼 뚜껑을 여는 방향에 대해서도 요구할 수 있습니다.</li></ul>
5	잼을 바르라고 합니까?	<ul><li>잼 뚜껑을 열고 난 뒤에 칼이나 수저를 사용하라는 명령 없이 잼을 바르라고 한다면 장갑을 낀 손이나, 잼이 든 병 안쪽 주변에 묻은 잼을 바르세요.</li><li>얼마만큼의 잼을 바를지 지정해 주지 않으면 칼 끝이나, 수저의 끝으로 아주 조금만 발라도 됩니다.</li><li>잼을 바를 위치를 지정하지 않았다면 빵의 옆면에 바르세요.</li></ul>
6	"치즈, 햄을 넣으세요."	<ul><li>포장지 비닐은 벗겼습니까? 벗기지 않은 그 상태로 빵 속이나 빵 위에 넣어 주세요.</li><li>한 겹인가요? 여러 겹인가요? 잡히는 대로 빵 속이나 빵 위에 넣어 주세요.</li><li>"~ 위에 올리세요."라는 명령이 없다면 먹기 불편한 곳에 치즈, 햄을 넣습니다.</li></ul>
7	나머지 빵 한 쪽을 올렸습니까?	<ul><li>제일 위에 빵을 덮으라는 명령이 없다면 지금까지 만들어진 상태로 전달합니다.</li><li>제일 위쪽 빵을 세로로 올릴 수도 있습니다.</li></ul>

6교시 미로에서 탈출하려면?

M 음악 A 미술 P 놀이 S 스토리텔링

난이도	💡💡💡
준비물	스케치북, 장애물과 말 역할을 할 여러 가지 장난감, 스티커 메모지, 색연필
놀이 설명	미로를 빠져나가기 위해 가장 중요한 것은 동작의 순서입니다. 앞으로 가기, 방향 바꾸기 등 명령으로 미로를 탈출하는 활동을 해 봅니다.
놀이 방법	① 아이의 수준에 맞게 스케치북에 격자를 그리게 합니다. ② 시작 지점과 탈출 지점을 다른 색깔로 표시합니다. ③ 지나갈 수 없는 장애물을 곳곳에 배치합니다. 장애물 칸에는 절대 들어가면 안 되는 이유를 잘 설명합니다. ④ 장애물 그림을 정글, 고양이와 쥐 등 주제별로 설정하면 놀이의 재미를 더해 줄 수 있습니다. ⑤ 명령 카드를 스티커 메모지를 사용해 붙이거나, 종이 카드로 만들어서 명령 칸에 순서대로 놓습니다.

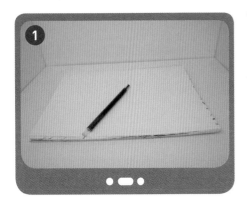

>> 조건

미로를 그릴 준비합니다.

>> 설명

스케치북에 일정한 크기로 네모 칸을 그립니다.

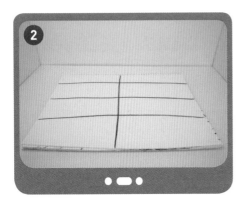

>> 조건

가로선을 긋습니다.

>> 설명

가운데 중심선을 긋고, 일정한 간격으로 선을 그립니다.

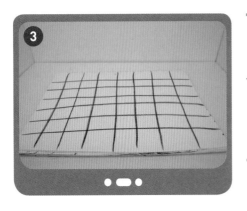

>> 조건

세로선을 긋습니다.

>> 설명

세로 중심선을 긋고, 일정한 간격으로 선을 그립니다.

》조건

명령 카드를 만듭니다.

》설명

앞으로, 왼쪽, 오른쪽, 2칸 이동 등의 명령어를
적어서 붙입니다.

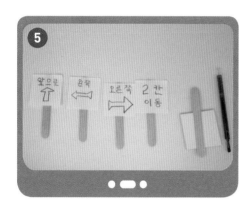

》조건

명령 카드를 모두 준비합니다.

》설명

기본적인 명령 이외에도 나이에 맞게, 장애물의
주제에 맞게 재매있는 명령어를 만들어 봅니다.
예 뛰어넘기, 건너뛰기 등

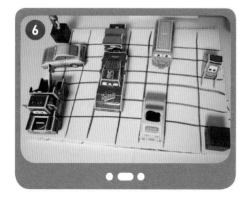

》조건

장애물을 모두 준비합니다.

》설명

말 역할을 하는 장난감이 지나갈 수 있는 통로를
만들면서 적절하게 장애물을 배치합니다. 일직
선으로 움직여도 종료 지점에 도착할 수 있다면
미로 탈출이 시시하게 끝날 수 있습니다.

>> 조건

미로 탈출을 시작합니다.

>> 설명

시작 지점에 움직일 말을 두고, 필요한 명령어를 선택합니다.

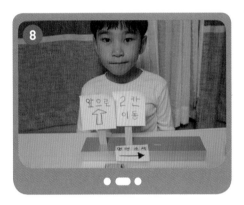

>> 조건

명령 카드를 명령 칸에 꽂습니다.

>> 설명

명령 카드를 왼쪽에서 오른쪽으로 읽을 수 있도록 꽂습니다.

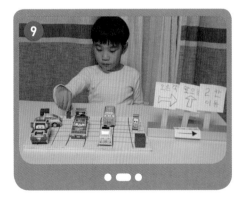

>> 조건

명령 카드의 내용에 따라 장난감 말을 이동합니다.

>> 설명

명령 카드에 적힌 내용과 명령칸의 화살표 대로 말을 움직입니다. '앞으로 + 2칸 이동'합니다.

>> 조건

장난감 말을 반복해서 이동합니다.

>> 설명

말을 이동한 뒤에는 명령 칸에서 명령 카드를 뽑은 뒤에 다시 필요한 명령어를 선택해 명령 칸에 꽂아야 합니다. 목적지에 도착할 때까지 반복합니다.

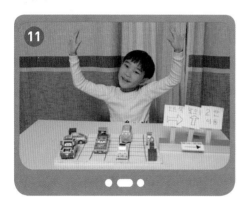

>> 조건

목적지에 도착합니다.

>> 설명

장애물을 피해서 목적지에 도착하면 게임이 끝납니다.

7교시 이야기 카드로 코딩하기

M 음악 　 A 미술 　 P 놀이 　 S 스토리텔링

난이도	🔵🔵🔵
준비물	줄거리 그림 카드, 색연필
놀이 설명	이야기 줄거리 요약하기로 코딩을 배울 수 있다는 것을 체험합니다. 토끼와 거북의 경주 이야기책을 읽거나 이야기를 들려준 후, 이야기의 주요 장면을 그립니다. 그리고 이야기 순서를 떠올리며 알맞은 줄거리 카드를 배치해 보는 놀이입니다.
놀이 방법	① 토끼와 거북 같은 간결하지만 이야기 구조가 명확한 이야기를 들려줍니다. 그리고 스케치북에 아이의 수준에 맞게 격자를 그리게 합니다. ② 아이의 수준에 맞게 그림 개수를 정하여, 칸을 나누고 이야기 장면을 그립니다. ③ 그림을 낱개로 잘라 카드처럼 섞어서 이야기의 순서대로 정렬합니다. ④ 부모는 이야기를 들려주는 컴퓨터 역할을 합니다. 아이가 컴퓨터에 줄거리 순서대로 카드를 입력해야 이야기를 완성할 수 있습니다.

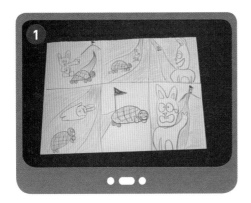

≫ 조건

줄거리를 그림 카드로 그립니다.

≫ 설명

토끼와 거북이 이야기를 듣고 생각나는 장면을 네모 칸에 그립니다.

≫ 조건

그림 카드를 자른 후 섞습니다.

≫ 설명

선을 따라서 가위로 자른 후, 카드처럼 그림을 섞습니다.

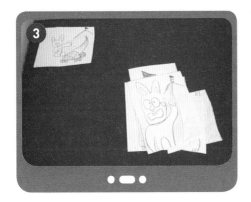

≫ 조건

첫 번째 이야기 그림을 선택합니다,

≫ 설명

그렸던 그림 카드 중에서 제일 처음에 나와야 하는 카드를 선택하도록 합니다.

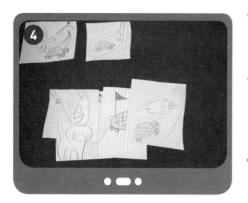

》 조건

두 번째 이야기 그림을 선택합니다.

》 설명

첫 번째 그림 다음에 와야 할 그림을 선택하도록
합니다.

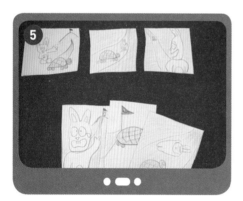

》 조건

세 번째 이야기 그림을 선택합니다.

》 설명

이야기 줄거리를 떠올려 보며 이어질 내용의 카
드를 선택합니다.

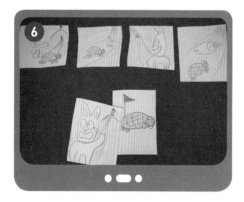

》 조건

네 번째 이야기 그림을 선택합니다.

》 설명

이야기 줄거리를 떠올려 보며 이어질 내용의 카
드를 선택합니다.

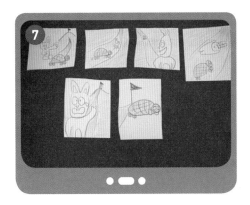

⟩⟩ 조건

마지막 이야기 그림을 선택합니다.

⟩⟩ 설명

모든 카드를 정렬한 후, 첫 번째 카드부터 컴퓨터
(부모)에 입력합니다. 그러면 부모는 카드에 맞는
이야기를 들려줍니다.

PART 4

조건이 있어요
>> 조건문

Chapter Goals
—
컴퓨터는 주어진 조건으로만 판단한다.

조건문에 대해 알아보고,
조건문을 만들어 봅니다.

지금까지는 아무런 조건 없이 명령하는 것을 배웠습니다. 이번 장에서는 명령을 만들 때 '~할 때만 ~을 하라'는 조건을 제시하는 법을 배웁니다. 예를 들어 이런 것이지요. 집 근처에 도서관이 문을 열어, 회원 등록을 위해 찾아갔습니다. 도서관 등록 시스템에 '나이'를 입력하는 칸에 이름이나 혈액형을 입력하면 어떻게 될까요? 아마 오류가 생겨 회원 등록이 제대로 되지 않을 것입니다. '숫자만 입력해 주세요'라는 친절한 문구가 나올 수도 있겠지요. 그런데 도서관 등록 시스템을 만든 프로그래머가 '나이'를 입력하는 칸에 '숫자만 입력해라'라는 조건만 주었다면, 그 칸에 1,000살, 1,000,000살이라고 입력해도 오류가 나지 않을 것입니다. 왜 그럴까요? 당연히 '나이'칸에는 '숫자만 입력'하면, 컴퓨터에게 그 값은 오류로 인식되지 않기 때문입니다. 프로그래머가 코딩을 할 때, '나이 칸에는 최소 0세부터 최대 120세까지만 입력할 수 있다'라는 구체적인 조건을 주지 않기 때문이지요. 그래서 컴퓨터로 작동하는 모든 프로그램, 로봇 등에는 사람이 하나하나 명령을 입력함과 동시에, 조건을 지정해 주어야 합니다. 그래야 프로그램이 오류 없이 제대로 작동할 수 있게 되지요.

그렇다고 코딩을 이제 막 시작한 아이들에게 '조건문', 'IF~'를 곧바로 가르친다고 해서, 그 개념을 제대로 익히기에는 부족합니다. 우리가 영어 공부를 할 때, 문법을 달달 외운다고 해서 영어 회화를 잘할 수 없는 것과 마찬가지입니다. 조건문의 개념을 제대로 알기 위해서는 코딩 외에 수학, 사고력, 문학 등 다양한 분야의 병행 학습을 통해 생각이 자라게 해 주어야 합니다.

1교시 알파벳을 지워라!

M 음악 | A 미술 | P 놀이 | S 스토리텔링

난이도	💡💡💡
준비물	BINGO 노래 가사와 반주
놀이 설명	• BINGO 노래 중, 강아지 이름인 B, I, N, G, O를 알파벳 첫 번째 글자부터 다섯 번째 글자까지 하나씩 박수 치기로 바꾸는 놀이입니다. • 처음 노래를 부를 때는 알파벳 첫 글자를, 두 번째 부를 때는 첫 번째와 두 번째 글자를 박수 치기로 바꿉니다. 'B, I, N, G, O 알파벳이 모두 없어지면 노래를 그만 부르기 코딩'을 합니다.
놀이 방법	① 노래를 부를 때마다 'BINGO'의 알파벳을 하나씩 '박수 치기'로 바꾸며, 알파벳 다섯 개가 모두 없어질 때까지 바꾸어 부르세요. ② 노래를 부를 때마다 'BINGO'의 알파벳을 하나씩 '발 구르기'로 바꾸며, 알파벳 다섯 개가 모두 없어질 때까지 바꾸어 부르세요.

>> 순서	>> 가사	>> 조건
준비하기	There was a farmer had a dog, and Bingo was his name—o. B—I—N—G—O B—I—N—G—O B—I—N—G—O And Bingo was his name—o.	BINGO 전체 가사
첫 번째	There was a farmer had a dog, and Bingo was his name—o. (박수)—I—N—G—O (박수)—I—N—G—O (박수)—I—N—G—O And Bingo was his name—o.	조건 첫 번째 바꾸기 차례입니까? 예 B 차례에서는 박수를 치세요. 아니오 BINGO를 소리 내세요.
두 번째	There was a farmer had a dog, and Bingo was his name—o. (박수)—(박수)—N—G—O (박수)—(박수)—N—G—O (박수)—(박수)—N—G—O And Bingo was his name—o	조건 두 번째 바꾸기 차례입니까? 예 B, I 차례에서는 박수를 치세요.
세 번째	There was a farmer had a dog, and Bingo was his name—o. (박수)—(박수)—(박수)—G—O (박수)—(박수)—(박수)—G—O (박수)—(박수)—(박수)—G—O And Bingo was his name—o.	조건 세 번째 바꾸기 차례입니까? 예 B, I, N 차례에서는 박수를 치세요.
네 번째	There was a farmer had a dog, and Bingo was his name—o. (박수)—(박수)—(박수)—(박수)—O (박수)—(박수)—(박수)—(박수)—O (박수)—(박수)—(박수)—(박수)—O And Bingo was his name—o.	조건 네 번째 바꾸기 차례입니까? 예 B, I, N, G 차례에서는 박수를 치세요.

| 다섯 번째 | There was a farmer had a dog, and Bingo was his name—o.
(박수)–(박수)–(박수)–(박수)–(박수)
(박수)–(박수)–(박수)–(박수)–(박수)
(박수)–(박수)–(박수)–(박수)–(박수)
And Bingo was his name—o. | 조건 다섯 번째 바꾸기 차례입니까?
예 B, I, N, G, O 차례에서는 박수를 치세요. |

>> 조건문 생각 포인트

1. 지금 노래를 몇 번째로 불렀나요?
2. BINGO의 알파벳 중에서 무엇을 박수로 바꾸어야 하나요?
3. BINGO의 알파벳 다섯 개 중, 몇 개가 남아 있나요?
4. 계속 노래를 불러야 하나요?

2교시 곰 세 마리가 한 집에 있어!

M 음악　**A** 미술　**P** 놀이　**S** 스토리텔링

난이도	💡💡💡
준비물	곰 세 마리 노래 가사와 반주
놀이 설명	곰 세 마리 노래를 부르다가 '아빠, 엄마, 아기'라는 가사가 나올 때마다 '누가 부를 것인지', '목소리 변경하기'와 같은 조건을 정하고 부릅니다.
놀이 방법	① 노래를 부를 때마다 '아빠, 엄마, 아기'라는 가사에서 가족에 해당하는 사람을 지목하여 그 단어를 부르게 하세요. ② 노래를 부를 때마다 '아빠, 엄마, 아기'라는 가사에서 '해당하는 사람'의 목소리를 흉내 내세요.

곰 세 마리가 한 집에 있어 (아빠) 곰 (엄마) 곰 (아기) 곰.

(아빠) 곰은 뚱뚱해 (엄마) 곰은 날씬해 (아기) 곰은 너무 귀여워.

히죽히죽 잘한다.

>> **조건문 생각 포인트**

1. 지금 부를 가사가 무엇인가요?
2. 노래 가사와 우리 가족 구성원 중 일치하는 사람은 누구인가요?

M 음악 | A 미술 | P 놀이 | S 스토리텔링

0	0	0	0	0	0	0	0	0	0	0
0	0	0	0	0	0	0	0	0	0	0
0	0	0	1	0	0	0	1	0	0	0
0	0	1	1	1	0	1	1	1	0	0
0	1	1	1	1	1	1	1	1	1	0
0	1	1	1	1	1	1	1	1	1	0
0	1	1	1	1	1	1	1	1	1	0
0	0	1	1	1	1	1	1	1	0	0
0	0	0	1	1	1	1	1	0	0	0
0	0	0	0	1	1	1	0	0	0	0
0	0	0	0	0	1	0	0	0	0	0
0	0	0	0	0	0	0	0	0	0	0

난이도	🔆🔆🔆
준비물	스케치북, 크레파스(색연필)
놀이 설명	• 조건에 맞는 칸을 찾아 색칠하면, 그림을 완성할 수 있습니다. 처음에는 숫자 1과 0만 사용하여 조건을 줍니다. • 색깔을 다르게 하여 칸을 색칠하게 하고 싶다면, 숫자 1과 0 외 다른 숫자나 문자를 색칠하라는 조건을 추가합니다.

1이 적힌 곳에만 색칠하는 로봇이 되어 보세요. 어떤 그림이 나올까요?

0	0	0	0	0	0	0	0	0	0	0
0	0	0	0	0	0	0	0	0	0	0
0	0	0	1	0	0	0	1	0	0	0
0	0	1	1	1	0	1	1	1	0	0
0	1	1	1	1	1	1	1	1	1	0
0	1	1	1	1	1	1	1	1	1	0
0	1	1	1	1	1	1	1	1	1	0
0	0	1	1	1	1	1	1	1	0	0
0	0	0	1	1	1	1	1	0	0	0
0	0	0	0	1	1	1	0	0	0	0
0	0	0	0	0	1	0	0	0	0	0
0	0	0	0	0	0	0	0	0	0	0

사랑하는 친구에게 퀴즈를 보내 줄까요?

1이 적힌 곳에만 색칠하는 로봇이 되어 보세요. 어떤 그림이 나올까요?

0	0	0	0	0	0	0	0	1	1	1
0	0	0	0	0	0	0	1	0	0	1
0	0	0	0	0	0	1	0	0	0	1
0	0	1	1	0	1	0	0	0	1	0
0	0	1	0	1	0	0	0	1	0	0
0	0	0	1	0	0	0	1	0	0	0
0	0	1	0	1	0	1	0	0	0	0
1	1	0	0	0	1	0	1	0	0	0
1	0	0	0	1	0	1	1	0	0	0
1	0	0	1	0	0	0	0	0	0	0
1	1	1	1	0	0	0	0	0	0	0
0	0	0	0	0	0	0	0	0	0	0

◉ 용감한 장군에게 꼭 필요한 것이네요. 곧바로 공격 앞으로!

1이 적힌 곳에만 색칠하는 로봇이 되어 보세요. 어떤 그림이 나올까요?

0	0	0	0	0	0	0	0	0	0	0	0	0	0	0	0	0	0	0	0	0	0	0
0	0	0	0	0	0	0	1	1	1	1	1	1	1	1	1	1	0	0	0	0	0	0
0	0	0	0	0	0	1	0	0	0	0	0	0	0	0	0	0	1	0	0	0	0	0
0	0	0	0	0	1	0	0	0	0	0	0	0	0	0	0	0	0	1	0	0	0	0
0	0	0	0	1	0	0	0	0	1	0	0	0	0	1	0	0	0	0	1	0	0	0
0	0	0	1	0	0	0	0	0	1	0	0	0	0	1	0	0	0	0	0	1	0	0
0	0	0	1	0	0	0	1	0	0	0	0	0	0	0	0	1	0	0	0	1	0	0
0	0	0	1	0	0	1	1	0	0	0	0	0	0	0	0	1	0	0	0	1	0	0
0	0	0	0	1	0	0	0	1	1	1	1	1	1	1	1	0	0	0	1	0	0	0
0	0	0	0	0	1	0	0	0	0	0	0	0	0	0	0	0	0	1	0	0	0	0
0	0	0	0	0	0	1	0	0	0	0	0	0	0	0	0	0	1	0	0	0	0	0
0	0	0	0	0	0	0	1	1	1	1	1	1	1	1	1	1	0	0	0	0	0	0
0	0	0	0	0	0	0	0	0	0	0	0	0	0	0	0	0	0	0	0	0	0	0

 코딩 놀이를 하다 보면, 어느새 이런 표정을 짓고 있지 않나요?

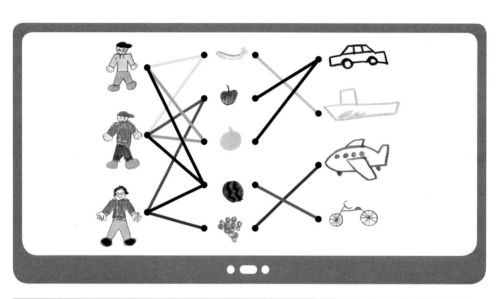

난이도	💡💡💡
준비물	스케치북, 크레파스(색연필)
놀이 설명	AND(그리고) 조건과 OR(혹은) 조건을 그림으로 배웁니다. – A AND B: 조건 A와 조건 B를 동시에 만족할 때만 '참(TRUE)'이 됩니다. – A OR B: 조건 A와 조건 B, 둘 중에 하나만 만족해도 '참(TRUE)'이 됩니다.
놀이 방법	① 스케치북 왼쪽에는 여러 가지 모양과 색깔의 모자를 쓰고, 가방을 든 사람을 그립니다. ② 부모가 AND와 OR 규칙이 적용될 수 있도록 조건을 정해 주며 그리게 합니다. 예를 들어 '첫 번째, 두 번째 사람은 모자를 쓰게 해 주렴', '두 번째, 세 번째 사람은 같은 색깔의 옷을 입게 해 주렴', '첫 번째, 세 번째 사람은 안경을 쓰게 해 주렴'과 같이 구체적인 조건을 정해 주세요. ③ 스케치북 가운데에는 여러 가지 과일을 그립니다. ④ 스케치북 오른쪽에는 여러 가지 교통수단을 그립니다. ⑤ 부모님이 정해 주는 조건에 해당하는 사람과 과일, 교통수단을 각각 선으로 이어 보며 AND(그리고), OR(혹은) 조건의 개념을 이해합니다.

》상황

스케치북 왼쪽에 사람을 그립니다.

》설명

부모 먼저 친구 세 명을 그려 보자. 그런데 조건이 있어. 친구 두 명은 모자를 썼어. 두 명은 주황색 티셔츠를 입었어. 두 명은 파란색 바지를 입었고, 두 명은 초록색 신발을 신었어. 그리고 두 명은 안경을 썼어.

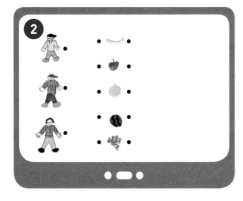

》상황

스케치북 가운데 과일을 그립니다.

》설명

부모 그 다음은 ○○이가 좋아하는 과일을 몇 개 그려 볼까?

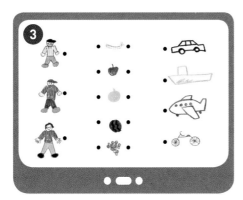

》상황

스케치북 오른쪽에 교통수단을 그립니다.

》설명

부모 그리고 오른쪽에는 여러 가지 교통수단을 그려 보자. ○○이는 자동차, 배, 비행기, 자전거를 그렸구나!

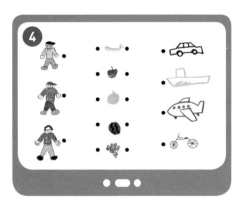

》상황

공통점을 찾아봅니다.

》설명

부모   자, 이제 ○○이가 그린 친구들의 모자,
      티셔츠, 바지, 신발, 안경 등을 보고 공통
      점을 찾아보자.

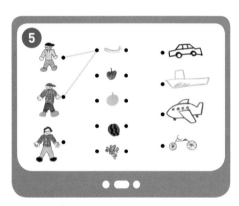

》상황

조건문   모자

》설명

부모   모자를 쓴 친구는 바나나를 먹자.

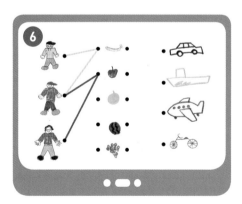

》상황

조건문   티셔츠 색깔

》설명

부모   주황색 티셔츠를 입은 친구는 빨간색 사
      과를 먹자.

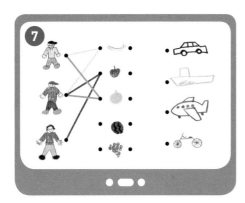

❯❯ 상황

조건문   초록색 신발 AND 모자

❯❯ 설명

부모   초록색 신발을 신고 모자를 쓴 친구는 초록색 사과를 먹자.

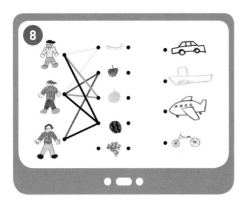

❯❯ 상황

조건문   안경 OR 주먹

❯❯ 설명

부모   안경을 썼거나, 주먹을 쥐고 있는 친구는 수박을 먹자.

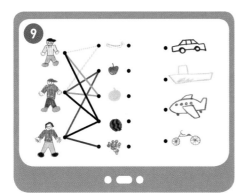

❯❯ 상황

조건문   모자 OR 검정색 신발

❯❯ 설명

부모   모자를 쓰지 않았거나, 검정색 신발을 신은 친구는 포도를 먹자.

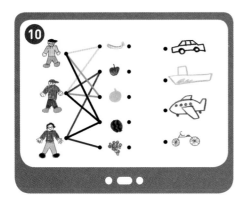

≫ 상황

조건문의 종류를 설명해 줍니다.

≫ 설명

부모 조건을 한 가지만 주거나, 두 가지를 동시에 주거나, 두 가지 중 한 가지만 주거나 이렇게 세 가지 종류의 조건문을 만들어 보았구나.

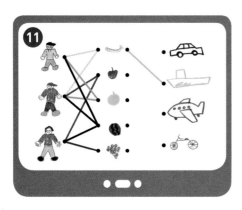

≫ 상황

조건문 바나나를 먹은 사람

≫ 설명

부모 기다란 모양의 과일을 먹은 친구는 배를 타렴.

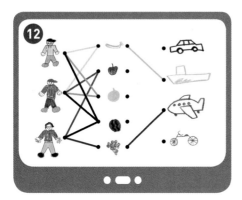

≫ 상황

조건문 과일 색깔 OR 과일 모양

≫ 설명

부모 보라색 과일을 먹었거나 알맹이가 많은 과일을 먹었다면 비행기를 타렴.

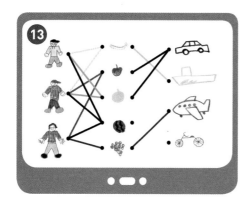

》》상황

조건문   사과를 먹은 사람

》》설명

부모   사과를 먹었다면 자동차를 타렴.

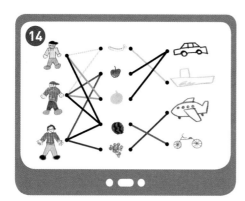

》》상황

조건문   겉 + 초록색과 검정색 AND 속 + 빨간색

》》설명

부모   겉은 초록색과 검정색이고 속은 빨간색인 과일을 먹었다면 자전거를 타렴.

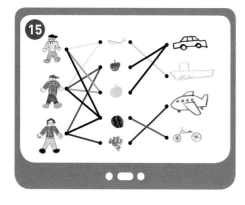

》》상황

조건문   교통수단으로 조건 파악하기

》》설명

부모   친구들 중에 배를 탈 수 있는 친구의 조건은 무엇이니?

아이   일단 모자를 써야 하고, 바나나를 먹었어요.

부모   그럼 자전거는 누가 탈 수 있니?

아이   수박을 먹어야 해요. 수박을 먹으려면, 안경을 쓰거나 주먹을 쥐어야 해요.

부모   비행기는 누가 탔니?

아이   포도를 먹은 친구요. 모자를 안 쓰고, 검정색 신발을 신은 친구예요.

Ⓜ 음악 Ⓐ 미술 Ⓟ 놀이 Ⓢ 스토리텔링

난이도	💡💡💡
준비물	장난감, 스케치북, 색연필, 종이 박스 2개
놀이 설명	여러 종류, 색깔, 크기, 모양의 장난감을 섞은 뒤, 조건을 만들 때마다 조건에 맞게 장난감을 분류해 봅니다.
놀이 방법	① 다양한 모양, 크기, 색깔의 장난감을 한곳에 모읍니다. ② 스케치북 가운데 마름모 그림을 그리고 그 안에 질문을 적습니다. ③ 질문의 조건에 따라 두 갈래의 화살표(예, 아니요)로 나눠지게 합니다. ④ 질문의 답에 '예'에 해당하는 장난감은 '예' 상자에 넣고, 나머지는 '아니요' 상자에 넣습니다. ⑤ ②~④의 과정을 반복하면서, 원하는 결과가 나올 때까지 조건을 계속 바꾸어 봅니다. ⑥ 중간중간 놀이를 멈추며, 어떠한 조건으로 장난감을 분류했는지 이야기합니다.

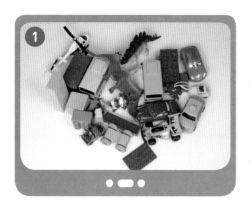

≫ 조건

여러 가지 장난감을 준비합니다.

≫ 설명

모양, 색깔, 크기, 재질 등이 다양한 장난감을 준비합니다.

≫ 조건

정답으로 알아맞혀야 할 장난감을 고릅니다.

≫ 설명

가위바위보 등으로 술래를 정해 장난감 중 하나를 고르게 한 후, '준비 완료!'를 외치고 장난감을 섞습니다.(이번에는 노란색 나무 자동차를 선택했다고 가정합니다.)

≫ 조건

첫 번째 질문을 만듭니다.

≫ 설명

'사람이 탈 수 있는 것입니까?'라고 질문을 만듭니다. '예', '아니요'로 대답하여, 해당하는 상자에 분류하여 담습니다.

≫ 조건

조건에 맞게 장난감을 분류합니다.

≫ 설명

질문의 답에 따라 장난감을 하나씩 하나씩 상자에 분류하여 담게 합니다.

≫ 조건

첫 번째 질문에 대한 결과를 확인합니다.

≫ 설명

'사람이 탈 수 있는 것입니까?'의 질문 결과를 보고, 이야기를 나눕니다.

≫ 조건

두 번째 질문을 만듭니다.

≫ 설명

'노란색입니까?'라고 질문합니다.

>> 조건

조건에 맞게 장난감을 분류합니다.

>> 설명

질문의 답에 따라 장난감을 하나씩 하나씩 상자에 분류하여 담게 합니다.

>> 조건

두 번째 질문에 대한 결과를 확인합니다.

>> 설명

'노란색입니까?'의 질문 결과를 보고, 이야기를 나눕니다.

>> 조건

세 번째 질문을 만듭니다.

>> 설명

'나무로 만든 것입니까?'라고 질문합니다.

≫ 조건

조건에 맞게 장난감을 분류합니다.

≫ 설명

질문의 답에 따라 장난감을 하나씩 하나씩 상자에 분류하여 담게 합니다.

≫ 조건

세 번째 질문에 대한 결과를 확인합니다.

≫ 설명

'나무로 만든 것입니까?'의 질문 결과를 보고, 이야기를 나눕니다.

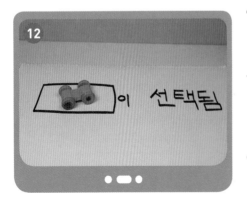

≫ 조건

최종 선택과 정답을 확인합니다.

≫ 설명

여러 번의 질문 만들기 끝에 선택한 장난감이 술래가 선택한 장난감이 맞는지 확인합니다.

예시의 놀이에서는 약 세 번의 질문 끝에 답을 찾아냈습니다. 만약 여러 가지 장난감 중에서 '노란색 나무 자동차'를 답으로 맞혀야 한다는 것을 미리 안다면, 가장 빠른 질문이 무엇일지 고민하는 것이 중요합니다. 예를 들어 다른 장난감들과 차별적인 특징을 찾아내는 것이지요. 준비한 장난감이 모두 플라스틱, 천 등으로 만든 것이라면, '나무로 만든 것입니까?'라는 한 번의 질문만으로도 원하는 답을 얻어 낼 수 있습니다.

Ⓜ 음악 Ⓐ 미술 Ⓟ 놀이 Ⓢ 스토리텔링

난이도	💡💡💡
준비물	동물 모형의 자석(장난감), 자석 칠판(스케치북), 펜
놀이 설명	동물들을 새로운 동물원으로 옮겨야 합니다. 어떤 동물들끼리 같은 곳에서 살게 하면 좋을지 조건문을 만들고 동물들을 분류해 봅니다. 어떤 기준으로 나눠야 할지, 동물의 특징을 생각하며 분류하는 놀이입니다.
놀이 방법	① 다양한 동물 사진이나 장난감을 한곳에 모아 둡니다. ② 조건을 만들고 동물들을 두 군데로 나눕니다. ③ 두 군데로 나눈 동물들을 다시 분류할 수 있는 조건을 만들어 나눕니다. ④ 조건에 따라 분류한 동물들이 한곳에서 살아도 문제가 없는지 확인합니다. ⑤ ②∼④의 과정을 반복하면서 동물들을 어떤 기준으로 분류했는지 이야기해 봅니다.

≫ 조건
첫 번째 조건을 생각합니다.

≫ 설명
동물들이 무엇을 먹고사는지, 먹이를 기준으로 분류합니다. 육식동물과 초식동물을 나눈다면 동물원에 더 빨리 평화가 찾아올 수 있습니다.(아이에게 육식동물과 초식동물의 차이를 설명해 주세요.)

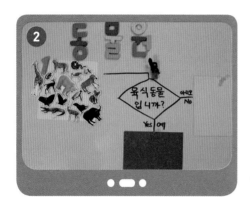

≫ 조건
첫 번째 조건을 도식화합니다.

≫ 설명
동물을 하나씩 보여 주며, '육식동물입니까?'라고 질문합니다. 육식동물이면 아래 칸으로, 초식동물이면 옆 칸으로 옮깁니다.

≫ 조건
첫 번째 조건의 결과를 확인합니다.

≫ 설명
처음 동물들을 모아 두었던 노란 색종이 위에는 동물이 남지 않았습니다.
빨간 색종이 위에는 육식동물, 초록 색종이 위에는 초식동물이 모였습니다.

≫ 조건

첫 번째 조건 결과 　육식동물

≫ 설명

육식동물 중, 추운 곳에서 사는 동물과 더운 곳에서 사는 동물을 나눕니다.(아이에게 극지방, 사막, 초원 등의 기후를 설명해 주세요.)

≫ 조건

첫 번째 조건 결과 　초식동물

≫ 설명

초식동물 중, 나무 위에서 주로 사는 동물과 땅위에서 주로 사는 동물을 나눕니다.(아이에게 동물의 서식 장소의 기준을 설명해 주세요.)

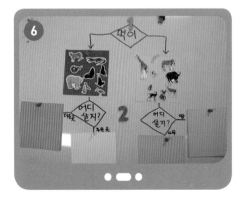

≫ 조건

두 번째 조건을 생각합니다.

≫ 설명

'어디에 살고 있나요?'라고 질문합니다.

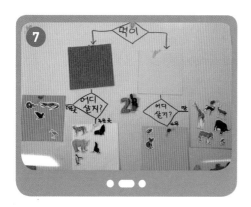

≫ 조건

두 번째 조건의 결과를 확인합니다.

≫ 설명

육식동물은 추운 곳과 더운 곳에 사는 동물로, 초식동물은 나무 위와 땅 위에서 주로 사는 동물로 각각 분류했습니다.

≫ 조건

두 번째 조건 결과   육식동물

≫ 설명

더운 곳에서 사는 육식동물 중, 같은 곳에 두면 잡아먹히는 동물이 있습니다. 다시 분류해야 합니다.

≫ 조건

두 번째 조건 결과   육식동물

≫ 설명

추운 곳에서 사는 육식동물은 땅과 물을 좋아하는 동물로 각각 나눕니다.

≫ 조건

두 번째 조건 결과   초식동물

≫ 설명

땅 위에서 사는 초식동물은 같이 두어도 서로 잡아먹지 않기 때문에 더 이상 분류하지 않아도 됩니다. 땅 위에서 사는 초식동물 분류하기는 끝났습니다.

≫ 조건

두 번째 조건 결과   초식동물

≫ 설명

나무 위에서 사는 초식동물도 서로 잡아먹지 않기 때문에 더 이상 분류하지 않아도 됩니다. 초식동물 분류하기는 끝났습니다.

≫ 조건

세 번째 조건 결과   육식동물

≫ 설명

육식동물을 '종류'와 '사는 장소'로 각각 나눕니다.

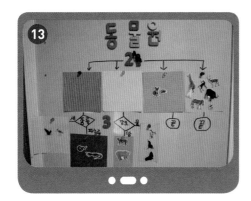

⟫ 조건

세 번째 조건 결과　육식동물

⟫ 설명

더운 곳에서 사는 육식동물은 '종류'를 기준으로 조류(새)와 파충류로 나누어, 파충류가 새를 잡아먹을 수 없게 분류했습니다.
추운 곳에서 사는 육식동물은 '사는 장소'를 기준으로 '땅'을 좋아하는 동물과 '물'을 좋아하는 동물로 각각 분류했습니다.

⟫ 한번 더 생각하기

예시 활동에서는 총 열세 번의 단계를 거쳐 분류를 끝냈지만, 더 상세한 조건 만들기를 통해 동물들을 분류할 수 있습니다. 동물들의 분류가 끝난 후, '이대로 울타리를 치고 함께 살아도 될까?'라고 아이와 질문을 주고받으며 조건문을 보다 상세하게 만들어 보면 좋습니다.

7교시 코딩 로봇과 떠나는 기차 여행

M 음악 | **A** 미술 | **P** 놀이 | **S** 스토리텔링

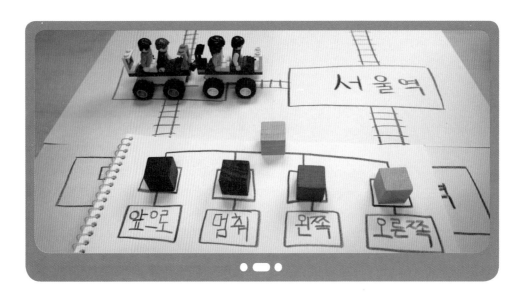

난이도	💡💡💡
준비물	여러 개의 기차역과 기찻길을 그릴 수 있는 커다란 종이, 여러 가지 색깔의 나무 블록, 주머니, 기차 모형 장난감 등
놀이 설명	블록의 색깔에 따라 이동 방향, 이동 거리를 규칙으로 정한 후 주머니에 넣습니다. 주머니에서 블록을 꺼낼 때마다 조건문대로 게임이 진행되는 것을 경험하며, 미리 만든 규칙이 잘 지켜지는지 비교합니다.
놀이 방법	① 블록 색깔마다 기찻길을 따라 어디로 이동할지, 얼마만큼 이동할지 이동 방향, 이동 거리 등 규칙을 정합니다. ② 규칙을 정하고 난 후, 블록을 주머니에 넣고 흔들어 섞습니다. ③ 주머니에서 블록을 꺼낼 때마다, 정해진 규칙과 비교하며 게임을 진행합니다. ④ 블록 색깔마다 정해진 규칙을 지키며, 기차 모형 장난감을 움직여 기차역을 찾아갑니다.

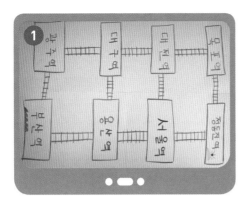

>> 조건

기차역과 기찻길을 그려 넣습니다.

>> 설명

가고 싶은 기차역과 기찻길을 자유롭게 그려 넣어 기차놀이를 준비합니다.

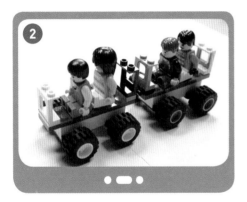

>> 조건

기찻길 위를 움직일 수 있는 기차를 만듭니다.

>> 설명

나무 블록, 장난감 기차나 자동차, 종이 상자 등으로 기차를 만듭니다.

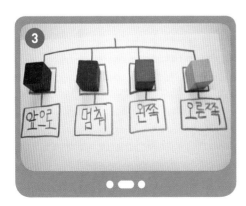

>> 조건

블록 색깔마다 규칙을 정합니다.

>> 설명

블록 색깔에 따라 장난감 기차의 이동 규칙을 정합니다.

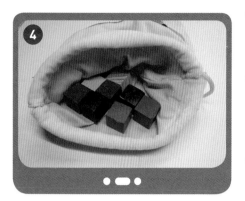

≫ 조건

규칙 블록을 주머니에 넣습니다.

≫ 설명

각 색깔 별로 한 두 개씩의 블록을 주머니에 넣고 잘 섞습니다.

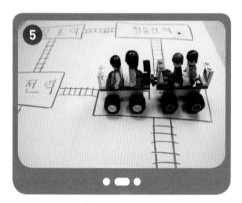

≫ 조건

출발 지점을 정합니다.

≫ 설명

출발하고 싶은 기차역을 골라 장난감 기차를 올립니다.

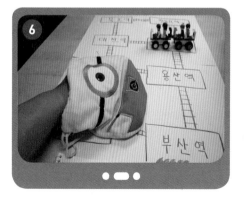

≫ 조건

규칙 블록을 꺼내 게임을 시작합니다.

≫ 설명

주머니에서 블록을 한 개 꺼냅니다.

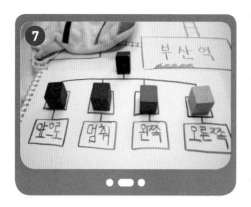

>> 조건

블록 색깔을 확인하고 조건문을 실행합니다.

>> 설명

부모   파란색 나무 블록을 꺼냈구나. 파란색 블
록을 꺼냈을 경우, 어떤 규칙을 정했는지
확인해 보자.

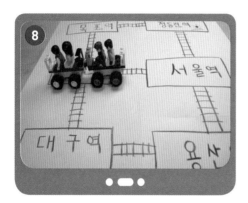

>> 조건

블록의 색깔을 확인하고, 정해진 규칙에 따라 이
동합니다.(조건문 실행)

>> 설명

부모   파란색 블록은 '앞으로'의 규칙을 정했으
니, 서울역에서 앞으로 이동해 보자.

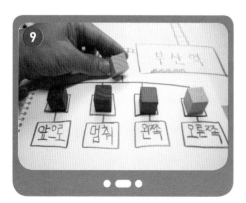

>> 조건

블록 색깔을 확인하고 조건문을 실행합니다.

>> 설명

부모   노란색 블록은 '오른쪽'의 규칙을 정했으
니, 기차를 오른쪽으로 이동해 보자.

≫ 조건

반복 횟수를 정하고 결과를 예측해 봅니다.

≫ 설명

부모 만약에 블록 꺼내기를 열 번 반복한다면,
어느 역에 도착할 수 있을지 생각해 볼까?

M 음악 　 A 미술 　 P 놀이 　 S 스토리텔링

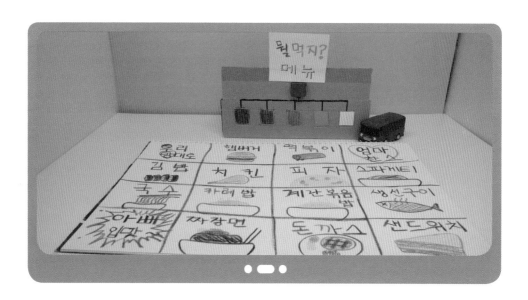

난이도	💡💡💡
준비물	스케치북, 여러 가지 색깔의 블록, 말, 상자, 색연필
놀이 설명	스케치북에 아이와 함께 먹고 싶은 메뉴를 적습니다. 그리고 여러 가지 색깔의 블록마다 말을 이동할 수 있는 '조건문'을 만듭니다. 조건대로 말을 움직여 최종 도착한 곳에 있는 외식 메뉴를 정합니다.
놀이 방법	① 스케치북에 먹고 싶은 메뉴를 모두 생각하여 적어 넣고, 말을 이동할 판을 만듭니다. ② 블록 색깔마다 몇 칸을 이동할지 등 규칙을 정합니다. ③ 규칙을 정하고 난 후, 블록을 주머니에 넣고 흔들어 섞습니다. ④ 주머니에서 블록을 꺼낼 때마다, 정해진 규칙과 비교하며 게임을 진행합니다. ⑤ 한 사람씩 약속된 횟수만큼 말을 이동한 후 마지막에 도착한 곳의 메뉴를 먹기로 약속합니다.

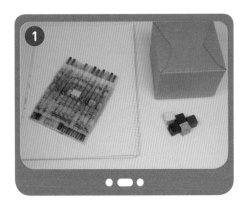

>> 조건

준비물을 확인합니다.

>> 설명

스케치북, 색깔 블록, 말, 상자, 색연필

>> 조건

메뉴판을 만듭니다.

>> 설명

칸 안에 먹고 싶은 메뉴를 다양하게 적고 그림을 그리거나 사진을 붙입니다.

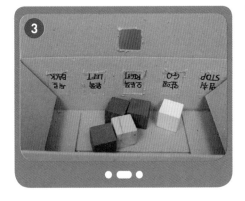

>> 조건

조건문 상자와 조건문을 만듭니다.

>> 설명

블록 개수만큼 블록이 통과할 수 있는 크기의 문을 만듭니다. 문 밖의 색깔은 색깔 블록과 같은 색으로 칠합니다. 문 안쪽에는 각 블록마다 정해진 조건문을 적습니다.

≫ 조건

메뉴 정하기 조건문 준비를 완료합니다.

≫ 설명

준비된 메뉴판과 조건문 박스를 준비합니다.

≫ 조건

시작 지점을 정합니다.

≫ 설명

부모　어디에서 시작해 볼까? 가운데에 말을 놓으면 위, 아래, 왼쪽, 오른쪽으로 이동하기 더 쉽겠지?

≫ 조건

조건 블록을 선택합니다.

≫ 설명

상자에 손을 넣고, 블록을 한 개 고릅니다. 조건문 박스 상단에 고른 블록을 끼워 넣고, 안내 선을 따라가 똑같은 색깔의 문을 열어 봅니다.

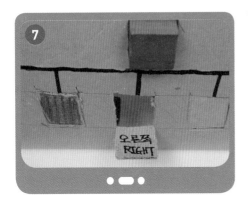

>> 조건

조건 블록과 조건문을 비교합니다.

>> 설명

초록색 블록을 선택했을 때, 안내 선을 따라가는 행동이 '조건문을 비교하는 코딩'의 움직임입니다.

부모　○○이가 초록색 블록을 뽑았네? 안내선을 따라가 같은 색깔의 문을 열어 볼까?

아이　오른쪽 이동이 나왔어요.

부모　그럼 말을 오른쪽으로 한 칸 이동해 보자.

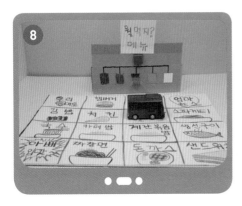

>> 조건

조건문을 실행합니다.

>> 설명

고른 블록과 같은 색깔의 문에 적인 조건문대로 오른쪽으로 한 칸 이동해, '치킨' 칸에서 '피자' 칸으로 갔습니다.

>> 조건

조건 블록과 조건문을 비교합니다.

>> 설명

처음 선택한 블록을 상자 안에 다시 넣고, 한 번더 블록을 고릅니다. 선택한 파란색 블록의 안내 선을 따라가 파란색 문을 여니, '앞으로'라는 조건문이 있습니다.

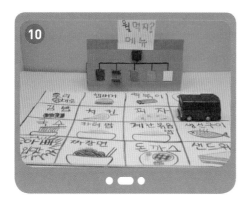

>> 조건

조건문을 실행합니다.

>> 설명

말로 사용하는 빨간색 버스가 바라보는 방향에서 '앞'으로 이동해, '피자' 칸에서 '스파게티' 칸으로 이동했습니다. 블록 뽑기를 약속한 횟수대로 반복하며, 마지막에 도착한 칸의 메뉴를 함께 먹습니다.

M 음악　A 미술　P 놀이　S 스토리텔링

난이도	💡💡💡
준비물	피노키오 이야기, 나무 블록, 스케치북
놀이 설명	먼저 줄거리가 짧고 간결한 이야기 중, '피노키오'를 읽고 놀이합니다. '피노키오' 책이 있으면 함께 읽은 후 놀이를 하면 더 좋습니다. 피노키오가 거짓말을 할 때마다 조건 문을 확인해 보는 놀이입니다.
놀이 방법	① 피노키오 동화책을 아이와 함께 읽거나, 아이에게 피노키오 이야기를 들려줍니다. ② 아이에게 피노키오의 말이 거짓말인지 아닌지 물어보고, 판단하게 합니다. ③ '조건문' 탐지기에 따라 피노키오가 거짓말을 했다고 할 때마다 피노키오의 코에 블록을 하나씩 올립니다.

1 **피노키오 이야기**

학교에 다녀온 피노키오는 손을 씻지 않고 곧바로 과자를 먹었습니다. 친구가 밖에서 놀고 있는 것을 본 피노키오는 엄마와 약속한 동화책 한 권 읽기를 하지 않고 밖에 나가 놀았습니다.

밖에서 실컷 놀고 집으로 돌아온 피노키오는 피곤하여 손을 씻지 않고 밥을 먹었습니다. 싫어하는 멸치 반찬은 먹지 않았습니다. 피노키오는 배가 고팠지만, 좋아하는 반찬이 없었기 때문에 배가 부르다고 하며 밥을 조금만 먹었습니다.

다음날 아침, 피노키오는 학교에 가기 싫어서 배가 아프다고 거짓말을 하고 늦게까지 잠을 잤습니다.

》 준비

피노키오 이야기를 간략하게 정리합니다.

》 설명

피노키오 이야기를 들려준 후, 이야기를 간략하게 정리한 글을 보여 줍니다. 이야기 내용을 아이와 함께 정리해도 좋습니다.

---

2 **질문1** 피노키오는 학교에 다녀온 뒤 손을 씻고 과자를 먹었다고 말합니다.
질문2 피노키오는 밖에서 친구와 놀기 위해 동화책 한 권을 다 읽고 나온 것이라고 말합니다.
질문3 밖에서 놀고 집에 돌아온 피노키오는 손을 깨끗이 씻었다고 말합니다.
질문4 피노키오는 싫어하는 멸치 반찬도 맛있게 먹었다고 말합니다.
질문5 다음 날 아침에는 정말로 배가 아파서 늦게까지 잠을 잔 것이라고 말합니다.

》 조건

피노키오의 거짓말 탐지를 위한 질문을 만듭니다.

》 설명

 부모 피노키오의 말이 거짓이라면, 피노키오의 코에 블록을 한 개씩 올리는 조건을 정하자.

≫ 조건

피노키오 그림을 준비한 후, 질문의 참, 거짓을 판단합니다.

≫ 설명

부모 피노키오가 학교에 다녀와서 손을 씻고 과자를 먹었다고 했어. 정말일까, 거짓말일까?

아이 거짓말이에요.

≫ 조건

조건문을 실행합니다.

≫ 설명

부모 그렇다면 피노키오 코가 길어져야겠네. 블록을 한 개 올려 주겠니? 왜냐하면 피노키오가 거짓말을 할 때 마다 우리가 피노키오 코에 블록을 한 개씩 올린다는 조건을 만들었기 때문이야.

≫ 조건

질문의 참, 거짓을 판단합니다.

≫ 설명

부모 피노키오가 밖에 나가서 놀기 위해 동화책 한 권을 다 읽었다고 하네. 정말일까, 거짓말일까?

아이 거짓말이에요.

》》 조건

조건문을 실행합니다.

》》 설명

부모　그럼 우리가 만든 규칙에 따라 피노키오 코에 블록을 한 개 더 올려야겠구나.

》》 조건

질문의 참, 거짓을 판단하고 추가 질문을 합니다.

》》 설명

아이와 함께 만든 규칙은 아니지만, 피노키오의 행동이 나쁘다고 해서 피노키오의 코에 블록을 올려도 될까요? 예를 들어 '계속 거짓말을 하는 피노키오는 나쁘니까 피노키오의 코에 블록을 올리자'라고 하면 어떨까요?

코딩에서는 이런 경우, 정해진 규칙에 맞는 것이 아니기 때문에 피노키오의 코에 블록을 올릴 수 없습니다. '피노키오가 거짓말을 할 때 블록을 한 개씩 올린다'라는 조건만 정했기 때문입니다. 보다 구체적인 놀이를 하고 싶다면, '피노키오가 계속 거짓말을 한다면 거짓말한 횟수만큼 피노키오의 코에 블록을 올리자' 등 구체적인 조건을 정해야 합니다.

M 음악 | **A** 미술 | **P** 놀이 | **S** 스토리텔링

난이도	🔆🔆🔆
준비물	전래 동화 '금도끼 은도끼' 이야기책이나 줄거리
놀이 설명	전래 동화 '금도끼 은도끼'의 정직한 나무꾼과 거짓말쟁이 나무꾼의 말을 조건문으로 확인해 보는 놀이입니다.
놀이 방법	① '금도끼 은도끼' 동화책을 아이와 함께 읽거나, 이야기를 들려줍니다. ② 정직한 나무꾼이 금도끼, 은도끼가 자기 도끼가 아니라고 말할 때가 '참'이고, 진짜 자기 도끼를 보고 자기의 도끼라고 말한 것이 '참'이라는 것을 알려 줍니다. ③ 거짓말쟁이 나무꾼이 금도끼, 은도끼를 자기의 것이라고 말할 때 '거짓'이고 진짜 자기 도끼를 자기 것이 아니라고 할 때도 '거짓'이라는 것을 알려 줍니다. ④ 산신령에게는 이미 금도끼, 은도끼가 누구의 것인지에 대한 기준이 있습니다.

금도끼 은도끼

옛날 옛날에 마음씨 착한 정직한 나무꾼이 산에서 나무를 하다가 그만 손에서 나무 도끼가 미끄러져 연못에 빠지고 말았답니다. 나무꾼은 "아이쿠, 내 도끼가 연못에 빠지다니."하며 엉엉 울고 말았지요. 그런데 물속에서 산신령이 '펑!'하고 나타나 물었습니다.

"왜 울고 있느냐?"

나무꾼은 "제가 열심히 일하느라 닳고 낡아진 제 손도끼가 그만 물에 빠져서 이제 나무를 벨 수 없게 되었습니다. 그 나무 도끼가 없어서 너무 슬퍼서 울고 있었습니다."라고 대답했습니다. 산신령은 물속으로 사라졌다가 곧 다시 나타났어요. 그리고는 나무꾼에게 물었습니다.

"이 금도끼가 너의 도끼냐?"

나무꾼은 대답했어요,

"아니요, 그 금도끼는 저의 도끼가 아닙니다."
"허허허……."

산신령은 웃으면서 다시 물속으로 들어갔어요. 그리고 다시 나타나서 이렇게 물었습니다.

"그럼 이 은도끼가 너의 도끼냐?"라고 물었습니다.

나무꾼은 "아니요, 그 은도끼도 저의 도끼가 아닙니다."라고 대답했습니다.

"허허허……."

산신령은 웃으면서 다시 물속으로 들어갔어요. 그리고 다시 나타나서 이렇게 물었습니다.

"그럼 이 낡은 쇠도끼가 너의 도끼냐?"라고 물었습니다.
나무꾼은 "예, 그 낡은 도끼가 저의 도끼입니다."라고 대답했습니다.
나무꾼의 대답을 들은 산신령은 "넌 거짓말을 하지 않는 참된 사람이로구나. 내가 선물로 이 금도끼와 은도끼를 모두 주겠노라."라며 금도끼, 은도끼, 쇠도끼를 나무꾼에게 모두 주고 '펑!'하고 사라졌어요.
그런데 정직한 나무꾼이 부자가 되었다는 이야기를 들은 욕심 많은 나무꾼이 자기도 부자가 되고 싶어서 그 연못으로 달려갔어요. 그리고는 일부러 연못에 도끼를 빠뜨린 후 산신령을 기다렸어요.
산신령이 '펑' 하고 나타나자 욕심 많은 나무꾼은 큰 소리로 '엉엉' 우는 척을 했습니다.
산신령이 물었지요.

"너는 왜 울고 있느냐?"라고 물어보니, 나무꾼은 "도끼를 물에 빠뜨렸습니다. 도끼를 찾아 주세요."라고 대답했어요.
산신령은 "그래 잠깐 기다리거라."라고 말하고는 물속으로 사라졌다가 '펑'하고 나타났습니다.

PART 4 조건이 있어요

"이 금도끼가 너의 도끼냐?"라고 산신령이 묻자마자 욕심 많은 나무꾼은

"예, 저의 도끼 입니다."라고 거짓말을 했어요. 산신령이 "이 은도끼는 너의 도끼냐?"라고 묻자마자 욕심 많은 나무꾼은 "예, 그 은도끼도 저의 도끼입니다."라고 또 거짓말을 했어요.
산신령이 "이 쇠도끼도 너의 도끼냐?"라고 물어보니 그 나무꾼은 이번에도

"예, 그 쇠도끼도 저의 도끼입니다."라고 대답을 했어요.
이제 금도끼, 은도끼, 쇠도끼가 모두 자기의 것이 될 것으로 착각하고 좋아하고 있는 욕심 많은 나무꾼에게 산신령이 말했어요.

"이 거짓말쟁이 같으니라고. 이 금도끼와 은도끼는 원래 나의 것인데, 왜 네 것이라고 거짓말을 하느냐? 쇠도끼만 너의 것이라고 하면 쇠도끼라도 돌려주려고 했건만."이라고 말하며 물속으로 '펑!'하고 사라져 버렸습니다.

금도끼, 은도끼를 얻으려다가 쇠도끼마저 잃게 된 욕심 많은 나무꾼은, 그만 정말로 펑펑 울고 말았답니다.

	>> 정직한 나무꾼	>> 욕심 많은 나무꾼
결과	참–참–참	거짓–거짓–거짓
설명	부모 나무꾼은 첫 번째 금도끼가 자기 도끼라고 말했습니까? 아이 아니요, 자기 것이 아니라고 했어요. 부모 나무꾼이 자기 도끼가 아니라고 말한 것이 참입니까? 아이 예. (나무꾼의 대답이 산신령의 조건문에서 '참'이었기 때문에 금도끼를 준비합니다.) 부모 나무꾼이 두 번째 은도끼가 자기 것이라고 말했습니까? 아이 아니요. (나무꾼의 대답이 산신령의 조건문에서 '참'이어서 은도끼를 준비 합니다.) 부모 나무꾼이 세 번째 쇠도끼가 자기 것이라고 말했습니까? 아이 예. (나무꾼의 대답이 산신령의 조건문에서 '참'이어서 쇠도끼도 준비 합니다.) 부모 (산신령 흉내를 내며) 나에게는 '거짓말을 한 번이라도 안 한다면 그 사람에게는 금도끼와 은도끼를 선로 주겠다'라는 조건이 있었단다.	부모 나무꾼은 첫 번째 금도끼가 자기 도끼라고 했습니까? 아이 예, 자기 것이라고 거짓말을 했어요. (나무꾼의 대답이 산신령의 조건문에서 '거짓'이므로, 금도끼를 버립니다.) 부모 나무꾼은 두 번째 은도끼가 자기 도끼라고 했습니까? 아이 예, 자기 것이라고 거짓말을 했어요. (나무꾼의 대답이 산신령의 조건문에서 '거짓'이므로, 은도끼를 버립니다.) 부모 나무꾼은 세 번째 쇠도끼는 자기 도끼라고 했나요? 정답 예, 자기 것이라고 말했어요. (세 번째 쇠도끼는 자기 것이 맞으므로 거짓말 한 것이 아닙니다.) 부모 (산신령 흉내를 내며) 금도끼, 은도끼가 자기 것이 아닌데 자기 것이라고 말한 것은 내가 준비한 조건과 같지 않기 때문에 거짓이지. 그런데 나무꾼이 '쇠도끼만 자기의 것'이라는 참된 말을 하지 않고 '금도끼, 은도끼와 함께 그 쇠도끼도 모두 자기의 것'이라고 말한 것이란다. 그래서 모두 거짓이란다.

PART 4 조건이 있어요

PART 5

반복되는 명령끼리 뭉쳐라

>> 반복문

Chapter Goals

—

반복되는 명령어는 묶을 수 있다.

반복되는 명령끼리 묶어 봅니다.

지금까지 코딩을 할 때 명령하는 법, 명령을 할 때 조건을 제시하는 법을 배웠습니다. 이번 장에서는 코딩의 명령을 만들 때, '~할 때까지 하라'라고 반복되는 명령을 묶어 코딩하는 법을 배워 봅니다. 코딩을 할 때, 반복되는 명령끼리 묶으면 어떤 점이 좋을까요? 예를 들어 함께 생각해 봅시다.

한 바퀴 회전할 때마다 청바지를 한 벌씩 만들어 내는 로봇이 있습니다. 그런데 한 바퀴 회전할 때마다 매번 사람이 '한 바퀴 돌아라'라고 이야기해야만 로봇이 작동합니다. 하지만, 매번 '한 바퀴 돌아라'라고 반복하여 명령하지 않고, 한 번에 묶어서 명령할 수 있다면 어떨까요?

#1 로봇에게 '열 바퀴를 돌아라'라고 말하면, 로봇은 열 바퀴를 돌면서 청바지 열 벌을 만들어 낼 것입니다. 그동안 사람은 다른 일을 할 수 있지요. 그런데 로봇이 한 바퀴를 도는 시간이 일정하지 않다면, 언제 열 바퀴를 다 돌지 알 수 없으니 마음 놓고 다른 일을 하기가 어렵습니다.

#2 로봇에게 '오전 10시부터 오후 5시까지만 돌아라'라고 말한다면, 로봇은 몇 바퀴일지 모르지만 정해진 시간만큼만 돌면서 청바지를 만들어 내면 됩니다. 그러면 사람은 오전 10시부터 오후 5시까지 다른 일을 할 여유가 생기겠지요.

#1에서는 '몇 바퀴 돌 것인가'라로 반복의 기준을 주었으며, #2에서는 '언제까지 돌 것인가'를 반복의 기준으로 주었습니다. 결과물을 예상해 보고, 어떠한 상황에서, 어떠한 목적으로 코딩을 할 것인가에 따라 반복 명령의 기준을 정하면 됩니다.

1교시 학교 종이 땡땡땡! 어서 모이자

M 음악 A 미술 P 놀이 S 스토리텔링

난이도	💡💡💡
준비물	동요 '학교 종이 땡땡땡' 악보
놀이 설명	동요의 악보를 보면 반복되는 구간을 '도돌이표'로 표기합니다. 만약 이 도돌이표가 없다면, 반복되는 구간을 일일이 다 그려야 하기 때문에 악보가 매우 길어지겠지요. 동요 '학교종' 악보를 보고 반복되는 구간을 찾아 반복 명령문으로 묶어 봅니다.
놀이 방법	① 아이에게 노래 로봇 역할을 하게 합니다. ② '학교종' 악보를 보고 노래를 부르며, 반복되는 부분을 찾습니다. ③ '노래 가사에서 '땡땡땡' 부분을 두 번씩 불러 보세요', '~할 때까지 노래를 계속 불러 보세요' 등 조건을 변형하여 명령합니다.

① 악보를 보고 '학교 종이 땡땡땡' 노래를 부르거나 연주 연습을 합니다.

② 횟수 반복 명령문을 만듭니다.

　노래를 하다가 '땡땡땡' 부분을 세 번 부르세요.

　('땡땡땡' 부분을 세 번 연주하세요.)

③ 조건 반복 명령문을 만듭니다.

　아빠가 노래 1절을 다 부를 때 까지 '땡땡땡'을 반복 하세요.

　('땡땡땡'을 반복해서 연주하세요.)

M 음악　A 미술　P 놀이　S 스토리텔링

난이도	💡💡💡
준비물	동요 '반짝반짝 작은 별' 악보
놀이 설명	노래에서 비슷한 구간을 찾아서 반복 명령문으로 표현해 봅니다. 아이가 어려워 할 경우 노래를 계이름으로 불러 보면 반복 구간을 쉽게 찾을 수 있습니다.
놀이 방법	① 부모　우리 함께 '반짝반짝 작은 별' 노래를 불러 보자. 노래에서 어떤 부분이 반복되는지 찾아볼까? 　　아이　첫째 단(줄)과 셋째 단(줄)이 같아요. 둘째 단(줄) '솔솔 파파 미미레'가 두 번 반복 돼요. 　　부모　잘 찾았네. 그렇다면 이제 로봇 모드로 변신해 보자. ② 횟수 반복 명령문을 만듭니다. 　　부모　노래를 하다가 둘째 단을 두 번 부르세요.(두 번 연주하세요.) ③ 조건 반복 명령문을 만듭니다. 　　부모　아빠가 노래를 끝까지 부를 때까지, 둘째 단을 계속 반복해서 불러 주세요.(둘째 단을 반복해서 연주하세요.)

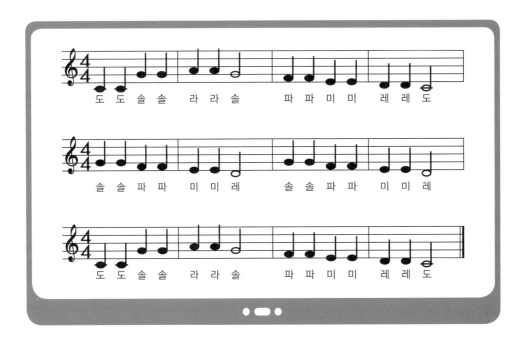

⊗ ⊖ ⊕ '반짝반짝 작은 별' 노래 반복 명령문 코딩 순서

① '반짝반짝 작은 별' 노래에서 반복되는 부분을 확인해 봅니다.

>> 악보	>> 계이름	>> 반복 명령문
첫째 단	도도솔솔라라솔 파파미미레레도	7번, 14번 계이름을 제외하고 두 번씩 반복합니다.
둘째 단	솔솔파파미미레	솔, 파, 미는 두 번씩 반복, 5~6마디는 두번씩 반복합니다.
셋째 단	도도솔솔라라솔 파파미미레레도	7번, 14번 계이름을 제외하고 두 번씩 반복합니다.

② 반복되는 부분을 찾았으면, 다음과 같이 반복 명령문을 만들어 코딩합니다.

>> 명령 순서	>> 입력	>> 반복 명령문	>> 결과
첫 번째	도, 솔, 라, 솔, 파, 미, 레, 도	입력 순서가 네 번째, 여덟 번째인 것을 제외하고, 순서대로 두 번씩 소리 냅니다.	도도솔솔라라솔 파파미미레레도
두 번째	솔, 파, 미, 레	'레'가 아닌 것은 두 번씩 소리를 내고, 이를 두 번씩 반복합니다.	솔솔파파미미레 솔솔파파미미레
세 번째	도, 솔, 라, 솔, 파	입력 순서가 네 번째, 여덟 번째인 것을 제외하고, 순서대로 두 번씩 소리 냅니다.	도도솔솔라라솔 파파미미레레도

>> Tip

악보에서 일정 구간을 반복해야 할 때 '도돌이표'와 '다 카포 알 피네', '달 세뇨 알라 피네' 등을 사용 합니다. 도돌이표는 도돌이표 시작 부분(‖:)부터 끝나는 부분(:‖)까지 한 번만 더 반복해야 한다는 약속입니다.

3교시 달콤한 막대 사탕

M 음악 · A 미술 · P 놀이 · S 스토리텔링

난이도	💡💡💡
준비물	스케치북, 크레파스(색연필), 나무 막대
놀이 설명	여러 가지 방법으로 사탕 그리기를 하면서 반복 명령문의 종류를 배웁니다.
놀이 방법	① 처음에는 '동그라미를 한 번 그리세요'를 매번 반복해서 말합니다. ② '동그라미를 세 번 그리세요'라고 말합니다. ③ '그만 그리라고 할 때까지 동그라미를 그리세요'라고 말합니다. ④ 부모와 아이가 서로 명령하는 역할과 그림 그리는 역할을 바꾸어 해 봅니다.

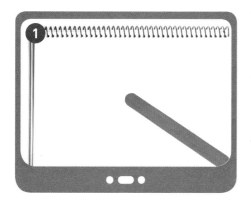

>> 상황
그림 그리기를 준비합니다.

>> 설명
스케치북 위에 나무 막대를 올려놓습니다.

>> 상황
일반 명령어를 만듭니다.

>> 설명
부모 빨간색 동그라미를 그리세요.

>> 상황
일반 명령어를 만듭니다.

>> 설명
부모 초록색 동그라미를 그리세요.

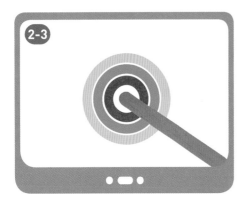

》상황

일반 명령어를 만듭니다.

》설명

부모　노란색 동그라미를 그리세요.

》상황

횟수 반복 명령문(for)을 만듭니다.

》설명

부모　초록색 동그라미를 세 번 그리세요.

명령하는 사람이 한 번만 말했는데, 동그라미 세 개가 그려졌습니다.

》상황

조건 반복 명령문(while)을 만듭니다.

》설명

부모　'그만'이라고 말할 때까지 빨간색 동그라 미를 계속 그리세요.

명령하는 사람이 조건을 한 번만 말해도, 동그라 미 그리기가 계속됩니다.

M 음악 A 미술 P 놀이 S 스토리텔링

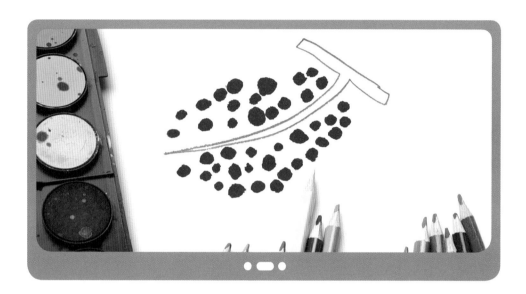

난이도	💡💡💡
준비물	스케치북, 크레파스(색연필)
놀이 설명	포도 알을 하나씩 그리면서, 포도송이를 완성하는 반복 명령문을 배웁니다.
놀이 방법	① 처음에는 '포도 알을 한 개 그리세요'를 매번 반복해서 말합니다. ② '포도 알을 세 개 그리세요'라고 말합니다. ③ '그만 그리라고 할 때까지 포도 알을 그리세요'라고 말합니다. ④ 부모와 아이가 서로 명령하는 역할과 그림 그리는 역할을 바꾸어 해 봅니다.

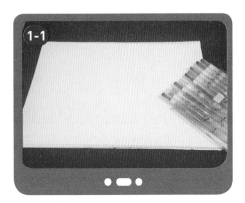

>> 상황
그림 그리기를 준비합니다.

>> 설명
스케치북과 색연필(크레파스)을 준비합니다.

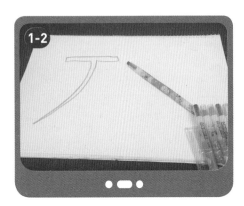

>> 상황
포도송이 그리기를 준비합니다.

>> 설명
포도송이 꼭지를 그립니다.

>> 상황
일반 명령문을 만듭니다.

>> 설명
부모 포도송이 꼭지가 있어. 이제 맛있는 포도 알을 그려 넣어서, 포도송이를 완성해 보자.

>> 상황

일반 명령문을 만듭니다.

>> 설명

부모   포도 알을 한 개 그리세요.
아이   (포도 알을 한 개만 그립니다.)

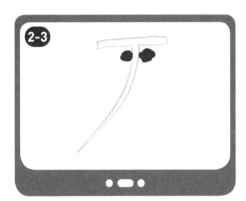

>> 상황

일반 명령문을 만듭니다.

>> 설명

부모   포도 알을 한 개 그리세요.
아이   (포도 알을 한 개만 그립니다.)

이 과정을 계속 반복하여 포도 알을 열 개 이상
그립니다.

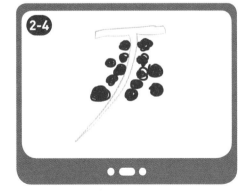

>> 상황

일반 명령문을 만듭니다.

>> 설명

아이   포도 알을 한 개씩 그리려고 하니, 힘들
       어요.
부모   맞아, 포도송이를 완성하기가 힘들구나.
       지금 어떤 명령을 반복해서 했지?
아이   '포도 알을 한 개 그리세요'라는 명령을
       반복하고 있어요.
부모   맞아, 그럼 우리 포도송이를 보다 쉽게 그
       릴 수 있는 간단한 명령을 만들어 보자.

》상황

횟수 반복문을 만듭니다.

》설명

부모   포도 알을 한 개 그리는 것을 세 번 반복
      하세요.

아이   (포도 알 그리기를 세 번 반복합니다.)

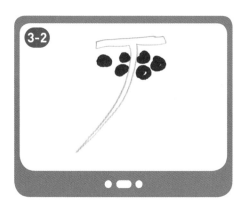

》상황

횟수 반복문의 결과를 확인합니다.

》설명

부모   포도 알을 한 개 그리는 것을 세 번 반복
      하세요.

아이   (포도 알 그리기를 세 번 반복합니다.)

부모   이번에는 명령을 두 번만 했는데, 포도 알
      을 여섯 개나 그릴 수 있네!

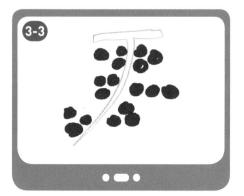

》상황

횟수 반복문을 만듭니다.

》설명

부모   포도 알을 한 개 그리는 것을 세 번 반복
      하세요.

아이   (포도 알 그리기를 세 번 반복합니다.)

이 과정을 반복하며 포도송이를 완성합니다.

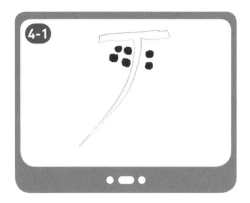

≫ 상황

조건 반복을 만듭니다.

≫ 설명

부모　이번에는 명령 한 번만으로 포도송이 그
　　　리기를 끝내 볼까? '포도가 다 익었습니
　　　다'라고 말할 때까지 포도 알을 계속 그
　　　려 봐. 시작!

아이　(포도 알 그리기를 반복합니다.)

≫ 상황

조건 반복문의 결과를 확인합니다.

≫ 설명

부모　포도가 다 익었습니다.

아이　(포도 알 그리기를 멈춥니다.)

부모　참 잘 그렸구나. 이렇게 한 번의 명령 만
　　　으로도 아주 탐스럽게 익은 포도송이를
　　　완성할 수 있어. 다음 명령을 기다리지 않
　　　고 포도를 그려 보니 어떠니?

아이　다음 명령을 기다리느라 멈추지 않고 포
　　　도 알을 계속 그릴 수 있어서 빨리 완성
　　　할 수 있었어요.

높이높이 쌓아라!

M 음악 · A 미술 · P 놀이 · S 스토리텔링

난이도	◯◯◯
준비물	나무 블록(쌓아 올릴 수 있는 물건)
놀이 설명	나무 블록 쌓기 놀이를 할 때 반복되는 행동을 함으로써, 반복 명령문을 찾아봅니다.
놀이 방법	① '나무 블록 한 개를 쌓아 올리세요'를 나무 블록 한 개를 쌓을 때 마다 반복합니다. 명령하는 사람이 계속 바쁘게 명령을 내려야 한다는 것을 보여 줍니다. ② N번 반복 명령문을 만듭니다. '나무 블록 하나 쌓기를 세 번 반복하세요'라는 명령을 한 번만 하고, 블록 쌓기 행동을 세 번 반복하고 있음을 경험합니다. 그러나 블록을 더 높이 쌓으려면 다음 명령을 몇 번 더 기다려야 함을 경험하게 합니다. ③ 조건 반복 명령문을 만듭니다. '그만이라고 말할 때까지 나무 블록 쌓기를 반복하세요'라는 명령을 한 번만 한 후, 명령을 내린 사람은 다른 일을 합니다. 한 번의 명령만으로 쉽게 나무 블록 쌓기를 계속할 수 있다는 것을 경험하게 합니다.

>> 조건
일반 명령문을 만듭니다.

>> 설명
부모   나무 블록 한 개를 쌓아 올리세요.

>> 상황
일반 명령문을 반복합니다.

>> 설명
부모   나무 블록 한 개를 쌓아 올리세요.
아이   (나무 블록 한 개를 쌓아 올립니다.)

이 과정을 계속 반복하며 나무 블록을 쌓아 올립니다.

>> 조건
N번 반복 명령문을 만듭니다.

>> 설명
부모   나무 블록 한 개 쌓아 올리기를 세 번 반복하세요.
아이   (나무 블록 하나씩 쌓기를 세 번 반복하고 멈춥니다.)

>> 조건

N번 반복 명령문의 결과를 확인하고 반복합니다.

>> 설명

부모 나무 블록 여섯 개를 쌓아 올리려면, 아직도 세 개가 부족하네. 나무 블록 한 개 쌓아 올리기를 세 번 반복하세요.

아이 (나무 블록 하나씩 쌓기를 세 번 반복하고 멈춥니다.)

>> 조건

조건 반복 명령문을 만듭니다.

>> 설명

부모 나무 블록을 '그만'이라고 할 때까지, 나무 블록 쌓아 올리기를 반복하세요.

아이 (나무 블록 여섯 개를 쌓아 올린 후 멈춥니다.)

>> 상황

조건 반복 명령문의 결과를 확인합니다.

>> 설명

부모 그만! 자 맨 위의 나무 블록이 무슨 색깔이지?

아이 빨간색이요.

부모 그럼 색깔 조건에 따라 블록 쌓기를 멈추었다면 어떤 조건이 있었을까?

아이 빨간색 나무 블록이 쌓아질 때까지라는 조건이요.

6교시 | 바쁘다, 바빠! 기차놀이

M 음악　A 미술　P 놀이　S 스토리텔링

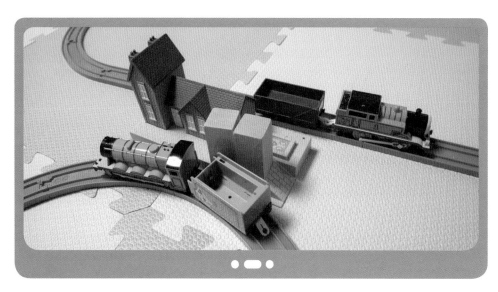

난이도	🔆🔆🔆
준비물	기차놀이 장난감, 나무 블록
놀이 설명	나무 블록을 중간 지점까지 운반하는 기차와, 중간 지점에서 공장까지 운반하는 기차를 활용한 놀이입니다. 이를 통해 두 개의 반복 명령문이 영향을 주고받는 것을 배웁니다.
놀이 방법	① 파란색 기차는 숲에서 기차역까지 나무 블록을 운반합니다. 한 번에 두 개의 나무 블록을 운반할 수 있습니다. ② 초록색 기차는 기차역에서 공장까지 나무 블록을 운반합니다. 한 번에 한 개의 나무 블록을 운반할 수 있습니다. 따라서 파란색 기차가 한 번 왔다 갈 때마다, 초록색 기차는 두 번씩 움직여야 합니다. ③ 숲에 있는 나무 블록이 다 없어질 때까지 파란색 기차를 움직여 봅니다. 한 번에 나무 블록 두 개를 운반할 수 있는 파란색 기차는 몇 번 움직여야 하는지 생각해 봅니다. 그리고 초록색 기차는 몇 번 움직여야 하는지 생각해 봅니다. ④ 공장에서 나무 블록 한 개로 두 개의 나무 상자를 만들 수 있다면, 공장에서 나무 상자 여섯 개를 만들 때까지 파란색 기차와 초록색 기차는 각각 몇 번씩 움직여야 하는지 생각해 봅니다.

>> 조건

작업 환경과 기본 조건을 설명합니다.

>> 설명

파란색 기차는 숲에서 기차역까지 나무 블록을 운반합니다. 한 번에 두 개의 나무 블록을 운반할 수 있습니다. 초록색 기차는 중간 기차역에서 공장까지 나무 블록을 운반하는데 한 번에 한 개의 나무 블록만 운반할 수 있습니다. 그리고 공장에서는 한 개의 나무 블록으로 두 개의 나무 상자를 만들 수 있습니다.

>> 상황

파란색 기차를 움직입니다.

>> 설명

파란색 기차가 숲에서 나무 블록 두 개를 싣고 출발합니다. 파란색 기차는 한 번 움직일 때마다 두 개의 나무 블록을 운반할 수 있습니다.

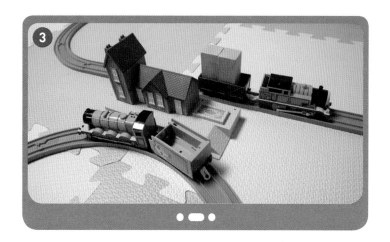

》 조건

파란색 기차와 초록색 기차가 기차역에서 만납니다.

》 설명

초록색 기차가 나무 블록을 한 번에 한 개씩 공장으로 운반합니다. 초록색 기차가 모두 두 번 움직여야 파란색 기차가 한 번에 가지고 온 나무 블록 모두를 공장으로 운반할 수 있습니다.

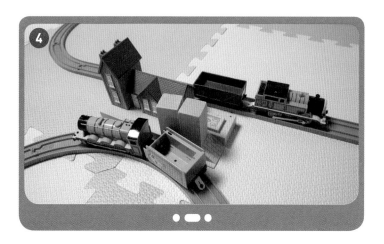

》 상황

파란색 기차와 초록색 기차가 기차역에서 만납니다.

》 설명

초록색 기차가 나무 블록을 한 번에 한 개씩 공장으로 운반합니다. 초록색 기차가 모두 두 번 움직여야 파란색 기차가 한 번에 가지고 온 나무 블록 모두를 공장으로 운반할 수 있습니다.

≫ 조건

초록색 기차가 공장에 도착합니다.

≫ 설명

초록색 기차가 공장에 도착했습니다. 가지고 온 나무 블록 한 개를 공장으로 운반합니다.

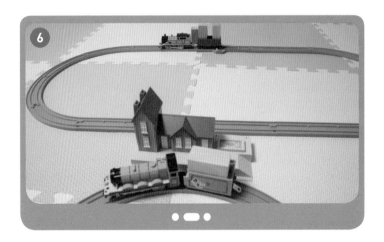

≫ 상황

초록색 기차가 기차역으로 이동합니다.

≫ 설명

파란색 기차가 가지고 온 두 개의 나무 블록 중에서 한 개만 운반했기 때문에 초록색 기차는 다시 기차역으로 가서 짐칸에 나머지 한 개의 나무 블록을 싣고 공장으로 출발합니다. 그러는 동안에 파란색 기차가 숲속에서 나무 블록 두 개를 싣고 다시 기차역을 향해 출발합니다.

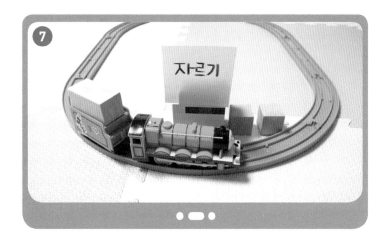

≫ 조건

초록색 기차가 공장에 도착합니다.

≫ 설명

초록색 기차가 나머지 한 개의 나무 블록을 공장으로 운반합니다. 그 사이 공장에서는 나무 블록을 반으로 잘라서 두 개의 나무 상자를 만들었습니다.

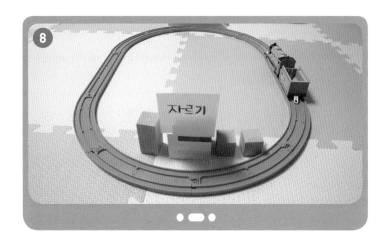

≫ 상황

초록색 기차가 기차역으로 출발합니다.

≫ 설명

초록색 기차는 나머지 한 개의 나무 블록을 내려놓고, 파란색 기차가 오기 전에 기차역으로 출발합니다. 공장에서는 곧 나무 상자 두 개가 더 만들어질 것입니다. 이 순서대로 초록색 기차와 파란색 기차가 반복해서 움직입니다.

숲에 있는 나무 블록을 모두 운반하려면, 파란색과 초록색 기차는 각각 몇 번씩 움직여야 할까요?

>> 상황

숲에 나무 블록이 여섯 개 있을 경우를 생각해 봅니다.

>> 설명

부모 숲에 있는 나무 블록을 공장으로 모두 운반하려면 파란색 기차와 초록색 기차는 각각 몇 바퀴씩 움직여야 할까?

아이 파란색 기차는 나무 블록을 한 번에 두 개씩 운반하니까, 세 바퀴 움직여야 해요.

부모 맞아, 파란색 기차는 세 바퀴를 돌아야 해. 그럼 초록색 기차는 몇 바퀴를 돌아야 할까?

아이 초록색 기차는 나무 블록을 한 번에 한 개씩만 운반할 수 있으니까, 두 번씩 세 바퀴를 돌아야 해요. 그러니까 합쳐서 모두 여섯 바퀴를 돌아야 해요.

나무 상자가 (   )개 만들어질 때까지 파란색과 초록색 기차는 각각 몇 번씩 움직여야 할까요?

>> 상황

나무 상자를 여섯 개 만들어야 하는 경우를 생각해 봅니다.

>> 설명

부모   공장에서 나무 상자 여섯 개를 만들려면, 나무 블록은 모두 몇 개가 필요할까?

아이   나무 블록 한 개로 두 개의 나무 상자를 만들 수 있으니, 모두 세 개의 나무 블록이 필요해요.

부모   그렇다면 파란색 기차는 몇 번 움직여야 할까?

아이   한 번에 나무 블록 두 개를 운반할 수 있기 때문에, 두 번만 움직이면 돼요.

부모   그렇구나, 그러면 초록색 기차는 몇 번 움직여야 할까?

아이   나무 블록 세 개가 필요하니까 모두 세 번을 운반해야 해요.

부모   맞아. 이렇게 파란색 기차와 초록색 기차가 나무 블록을 운반하는 일이 서로서로 영향을 미치고 있구나.

거북이 토끼를 이긴 비결

M 음악   A 미술   P 놀이   S 스토리텔링

난이도	⚪⚪⚪
준비물	'토끼와 거북' 이야기책, 역할 놀이를 할 수 있는 손 인형
놀이 설명	'토끼와 거북' 이야기를 읽고, 토끼와 거북의 경주에서 거북을 응원하는 명령을 반복해 봅니다.
놀이 방법	이야기를 읽고 활동할 때, 역할 놀이를 할 손 인형을 준비하면 더욱 좋습니다.

👆 일반 명령

》 상황

거북(인형)에게 명령합니다.

》 설명

부모 거북이 경주에서 이길 수 있게 '앞으로 한 발 움직여'라고 명령하자.
아이 거북아 앞으로 한 발 움직여.
부모 그래 거북이 앞으로 한 발 움직였네, 그런데 또 움직이려면 다시 명령을 해야겠지?
아이 거북아 앞으로 한 발 움직여.(지칠 때까지 반복하게 합니다.)
아이 힘들어요, 이제 명령 안 할래요.

👆 횟수 반복 명령

》 상황

거북(인형)에게 명령합니다.

》 설명

부모   반복 명령문이 없다면 거북이가 결승점에 도착할 때까지 계속 명령해야 해서 무척 힘들 거야. 그렇다면 우리 첫 번째 반복 명령문을 만들어 보자. '거북아 앞으로 세 발 움직여'라고 명령 해 볼까?

아이   거북아 앞으로 세 발 움직여.(몇 번 반복하게 합니다.)

부모   그런데 아직 결승점에 도착하지 않았네, 조금 더 반복해야겠어.

아이   거북아 앞으로 세 발 움직여.(몇 번 반복하게 합니다.)

부모   거북이 결승점을 향해 열심히 가고 있어. 그런데 결승점까지 몇 발 남았는지 정확하게 알고 명령을 해야 해. 잘못했다가는 결승점을 한 발 앞두고 명령을 그만할 수도 있겠는 걸?

👆 조건 반복 명령

도착할 때까지
반복

》상황

거북(인형)에게 명령합니다.

》설명

부모   거북이 결승점까지 완벽하게 통과할 수 있게 쉽게 명령하려면 어떻게 해야 할까?

아이   거북에게 '앞으로 100번 움직여'라고 하면 되지 않을까요?

부모   그럴 수도 있겠다. 그런데, 결승점이 101번 움직여야 하거나, 그 이후라면 어떻게 할까?

아이   잘 모르겠어요.

부모   그럴 때는 조건을 주면서 반복 명령을 사용하면 돼. '거북아 결승점을 지날 때까지 앞으로 움직여'라고 명령해 보자.

아이   거북아 결승점을 지날 때까지 앞으로 움직여.

부모   참 잘했어. 이렇게 반복 명령문을 적절하게 사용하면, 같은 명령을 반복하지 않아도 돼. 그리고 거북은 결승점을 무사히 통과해서 토끼와 경주에서 이길 수 있지.

난이도	🔅🔅🔅
준비물	'신데렐라' 동화책, 신발 한 켤레
놀이 설명	명작 동화 '신데렐라'를 읽고, 신데렐라가 궁전에서 잃어버리고 간 신발 한 짝의 주인을 찾는 명령을 반복하며 반복 명령문을 배웁니다.
놀이 방법	가족끼리 왕자와 신하 역할을 바꿔 가며 잃어버린 구두 한 짝의 주인 찾기 놀이를 해 보세요.

👆 일반 명령

》 상황

왕자가 신하에게 명령합니다.

》 설명

부모(왕자) 여기 신발 한 짝을 가지고 ○○네 집에 가서 신발 주인을 찾아오너라.

신데렐라의 집
신하 이 집에 따님이 몇 명입니까?
부모 세 명 입니다.
신하 첫째 딸이 나와서 이 신발을 신어 보시오.
첫째 딸 (신발을 신어 보고) 이런 신발이 너무 작네요.
신하 둘째 딸이 나와서 이 신발을 신어 보시오.
둘째 딸 (신발을 신어 보고) 이런 신발이 너무 작네요.
신하 셋째 딸이 나와서 이 신발을 신어 보시오.
셋째 딸 (신발을 신어 보고) 신발이 발에 꼭 맞네요.
신하 드디어 찾았구나, 신발 한 짝의 주인을!
부모 참 잘 찾았어. 그런데 '이 신발을 신어 보시오'라는 명령을 계속 반복해야 할까? 신발 주인을 좀 더 쉽게 찾으려면 어떻게 해야 할까?

》 결과

신하가 딸들을 만날 때마다, '이 신발을 신어 보시오'라고 같은 명령을 반복해야 신발 주인을 찾을 수 있습니다.

🖑 횟수 반복 명령

》상황

왕자가 신하에게 명령합니다.

》설명

왕자 여기 신발 한 짝을 가지고 ○○네 집에 가서 한 사람에 한 번씩 모두 두 번만 신발을 신겨 보고 주인을 찾아오너라.

신데렐라의 집

신하 이 집에 따님이 몇 명입니까?
부모 세 명 입니다.
신하 첫째 딸부터 줄을 서서 이 신발을 신어 보십시오. 그러나 두 번만 반복 할 것입니다.
첫째 딸 이런 신발이 너무 작네요.
둘째 딸 이런 신발이 너무 작네요.
셋째 딸 난 기회가 없네요.
신하 아 이제 두 번 반복이 끝났군. 이 집에서는 못 찾겠어.

궁전

신하 왕자님, 신발 주인을 찾지 못했습니다. 제가 찾아간 집에는 딸이 세 명 있었지만, 두 번만 반복해야 하기 때문에 나머지 딸 한 명에게는 신발을 신겨 보지 못했습니다.
왕자 아차, 그 집에는 딸이 세 명 있다니, 명령을 세 번 신겨 보라고 명령을 했어야 하는데.

》결과

왕자의 명령은 두 명의 딸이 있을 때만 모두 신발을 신겨 볼 수 있음을 의미합니다. 따라서 딸이 두 명 이상인 경우 왕자의 명령대로만 한다면, 신발의 주인을 찾기 힘들지요. 횟수 반복 명령만으로는 신발 주인을 찾을 수도 있고, 없을 수도 있습니다.

👆 조건 반복 명령

모두 한 번씩
신어 볼 때까지

>> 상황

왕자가 신하에게 명령합니다.

>> 설명

왕자 여기 신발 한 짝을 가지고 ○○네 집에 가서 신발 주인을 찾는 것을 모든 가족이 다 신어 볼 때까지 한 사람에 한 번씩 반복하고 주인을 찾아오너라.

신데렐라의 집
신하 이 집에 따님이 몇 명입니까?
부모 세 명 입니다.
아이 첫째 딸부터 차례대로 줄을 서서 한 사람에 한 번씩 이 신발을 신어 보는 것을 반복하시오.
아이 (반복해서 신발을 신어 보며, 신발 주인을 찾는다.) 드디어 신발 주인을 찾았군요. 왕자님이 궁전에서 기다리십니다.

궁전
아이 왕자님, ○○네 집에 가서 모든 딸들이 신발을 한 번씩 신어 볼 때까지 반복하라는 명령을 통해, 주인을 쉽게 찾았습니다.

>> 결과

'~할 때까지 반복하라'는 한 번의 명령으로 모든 사람이 한 번씩 신발을 신어 볼 기회를 얻게 됩니다. '~할 때까지 반복하라'는 조건이 끝났다는 것은, 조건에 맞는 경우를 찾았다는 의미입니다. 잃어버린 신발 한 짝의 주인을 찾은 것과 마찬가지로 말입니다.

PART 6

알고리즘 맛보기
>> 순서도

Chapter Goals
—
코딩 개념을 '순서도'로 그려 보자.

코딩 개념을 순서도로 그려 봅니다.

지금까지 '순서대로', '조건별로', '반복적으로'라는 코딩의 기본 개념을 익혔습니다. 그럼 지금까지 배운 개념들을 하나로 묶어서 통합적으로 코딩하기에 도전해 볼까요?

우리가 어떤 문제에 부딪힐 경우, 문제를 해결하기 위한 명령들을 순서대로, 조건에 맞게, 필요한 만큼 반복할 줄 아는 것이 알고리즘의 핵심입니다. 그리고 이 알고리즘을 보기 편하게 기록한 것이 설계도입니다. 명령의 흐름을 이해하기 편하도록 도형과 간단한 글자를 섞어서 기록한 것이지요.

설계도를 기록할 때 사용하는 도형은 누구나 똑같이 의미를 이해할 수 있도록 이미 뜻을 약속해 두었습니다. 이러한 도형들을 모아둔 것을 '순서도'라고 부릅니다. 이번 장에서는 바로 이 순서도에 대해 알아봅니다.

순서도에 사용하는 모든 도형의 뜻을 지금부터 미리 다 외울 필요는 없습니다. 필요한 순간마다 하나씩 이해하고, 기억하면 되지요. 순서도의 도형을 외우는 것보다 더 중요한 것은 주어진 문제를 순서도로 표현할 수 있는 능력을 기르는 것입니다. 그러기 위해서는 문제를 정확히 파악하고, 해결 방법을 단순화하여 그림으로 표현할 수 있어야 합니다.

그럼 하나씩 차근차근 연습해 볼까요?

Tip 순서도를 그릴 수 있는 웹사이트를 소개합니다. https://www.draw.io

순서도란 무엇인가요?

순서도의 각 도형에는 이미 약속된 뜻이 있습니다. 그래서 도형 안에 글자를 넣으면 도형의 뜻과 함께 읽혀지게 됩니다. 먼저 기본 도형의 의미를 알아봅시다.

>> 도형	>> 의미
	시작, 끝 명령하기의 시작과 끝을 나타냅니다.
	~을 하세요. 컴퓨터가 여기에 적힌 동작이나 계산을 해야 합니다.
	~ 이라면(조건문) **~ 할 때(참일 때)** 주어진 조건일 때 실행하고, 아니면 다른 과정을 실행해야 합니다.
	흐름선 화살표의 방향대로 움직이세요.
	초기 값 명령을 하기 전에 기억해야 하는 값입니다.

>> 응용	>> 의미
시작 종료	시작합니다. 끝납니다.
스위치를 누른다	스위치를 누릅니다.
신호등이 초록색 입니까?	신호등이 초록색인지 확인하고 결과에 따라 다음 동작을 합니다.
집으로 돌아온다 ↓ 손을 씻는다	집으로 돌아온 다음에 할 일은 손을 씻는 것입니다.
나이는 7살 성별은 남자	나이는 7살이고 성별은 남자라는 초기값이 주어졌습니다.

2교시 횡단보도 건너기

표를 그린 뒤 아이와 횡단보도 건너는 순서에 대해 이야기를 나누면서 내용을 적어 봅니다.
그 이후 아래 순서도와 비교해 봅니다.

>> 문제	무엇을 해야 합니까?	횡단보도를 건너야 합니다.
>> 문제 분해	횡단보도를 건널 때 필요한 행동은 무엇이 있습니까?	신호등 스위치 누르기, 정지선에서 기다리기, 왼쪽과 오른쪽 살피기, 신호등 보기, 손들기, 횡단보도 건너기 등이 있습니다.
>> 문제 해결	어떤 조건이 필요합니까?	신호등이 초록색 일 때만 횡단보도를 건너야 합니다. 신호등이 빨간색 일 때는 횡단보도 앞에서 기다려야 합니다. 횡단보도를 건널 때 차가 지나가지 않아야 합니다.
>> 순서도 그리기	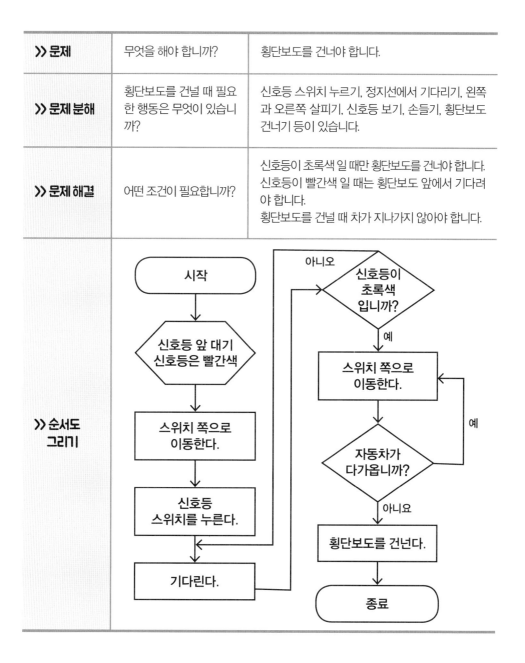	

표를 그린 뒤 아이와 함께 라면을 끓이고 먹는 과정에 대해 이야기를 나누면서 내용을 적어
봅니다. 그 이후 아래 순서도와 비교해 봅니다.

>> 문제	무엇을 해야 합니까?	라면을 끓여 먹으려고 합니다.
>> 문제 분해	라면을 끓일 때 필요한 행동은 무엇이 있습니까?	라면 준비, 봉지 뜯기, 냄비 준비하기, 냄비에 물 붓기, 가스 불 켜기, 물이 끓기를 기다리기, 면 넣기, 스프 넣기, 불 끄기 등이 있습니다.
>> 문제 해결	어떤 조건이 필요합니까?	물이 끓을 때까지 기다려야 합니다. 라면이 익을 때까지 기다려야 합니다.
>> 순서도 그리기		

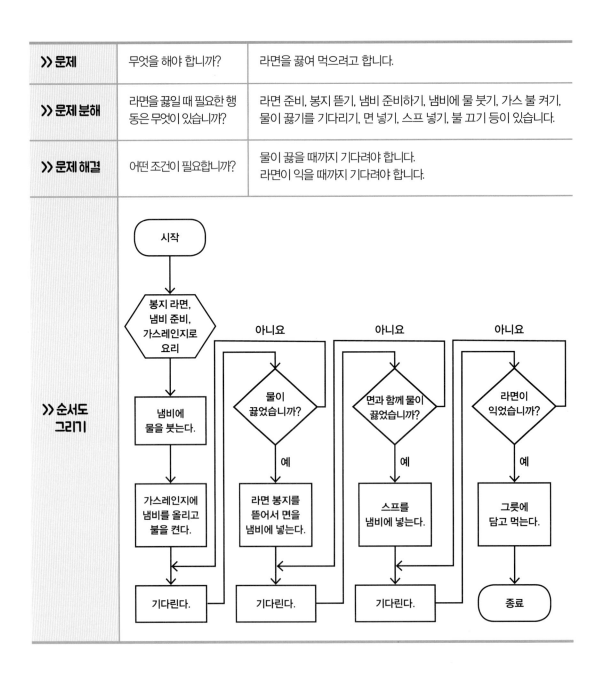

표를 그린 뒤 아이와 신데렐라의 구두 주인 찾기에 대한 이야기를 나누면서 내용을 적어 봅니다. 그 이후 아래 순서도와 비교해 봅니다.

>> 문제	무엇을 해야 합니까?	무도회에 떨어뜨리고 간 신발 한 짝의 주인을 찾아야 합니다.
>> 문제 분해	구두 주인을 찾는 데 필요한 행동은 무엇이 있습니까?	사람들을 모읍니다. 한 사람씩 신발을 신어 봅니다. 신발이 발에 맞는지 확인합니다. 신발의 주인을 찾으면 왕자님께 데리고 갑니다.
>> 문제 해결	어떤 조건이 필요합니까?	신발이 발에 딱 맞아야 합니다.
>> 순서도 그리기		

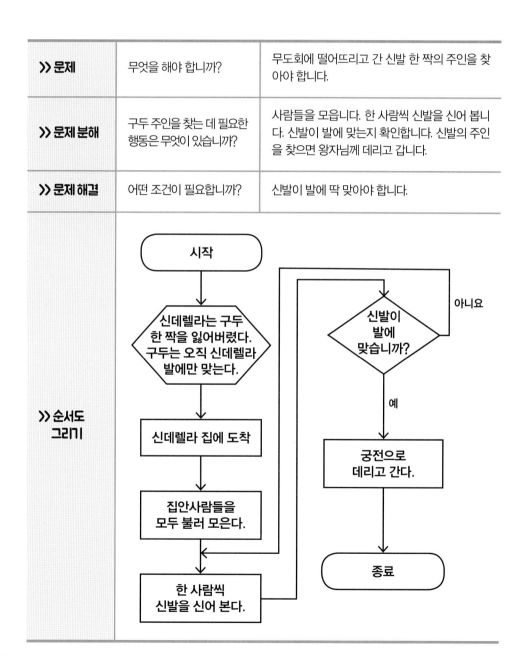

PART 7

오류 발생! 뚝딱 고치기
>> 디버깅

Chapter Goals
—
오류를 찾아 고치는 '디버깅'에 대해 안다.

디버깅, 오류를 찾아 고쳐 봅니다.

일상생활 속에서 무언가 잘못된 것을 발견했을 때, 우리는 그것을 고치기 위해 노력합니다. 슈퍼마켓에서 '사과'가 들어 있는 상자를 샀는데, 집에 와서 열어 보니 '오렌지'가 들어 있다면 어떻게 할까요? 슈퍼마켓에 가서 교환해 올 것입니다.

결과물로 '파란색 네모'가 나와야 하는 코딩에서 '빨간색 네모'가 나왔다면, 우리는 처음부터 코딩을 다시 만들어야 할까요? 우선 왜 이처럼 잘못된 결과가 나왔는지 코딩을 다시 한 번 살펴봐야 합니다. 이처럼 잘못된 부분을 찾아내어 고치는 작업을 컴퓨터 코딩에서는 '디버깅'이라고 부릅니다. 모든 컴퓨터 프로그래머들은 프로그램을 만든 후, 디버깅 과정을 거칩니다. 또 프로그램을 만들기 위해 키보드를 두드리기 전에 순서도를 그리는 등, 오류 없는 결과물을 얻을 수 있는 코딩을 하기 위해 노력합니다.

언플러그드 코딩의 마지막 단계, 이번 장에서는 지금까지 연습한 코딩에서 우리의 예상과는 다른 결과가 나왔을 때 어떻게 대처해야 하는지 알아봅니다.

이런, 기계가 고장 났어요

M 음악 A 미술 P 놀이

탐정이미지 없는 원본파일 받아주세요

난이도	💡💡💡
준비물	종이 상자, 여러 가지 색깔과 모양의 나무 블록(색종이)
놀이 설명	파란색 나무 블록을 만들어 내는 공장에서 갑자기 다른 색깔의 나무 블록을 만들어 내는 오류가 발생했습니다. 엔지니어가 되어 어느 부분이 어떻게 고장 났는지 확인하고 고쳐봄으로써 디버깅에 대해 배웁니다.
놀이 방법	① 입구와 출구가 뚫려 있는 공장 모양을 만듭니다. 레고 블록이나 종이컵 등 주변에서 구할 수 있는 장난감을 활용해 만들면 됩니다. ② 나무를 자르고, 색칠하고, 압축하는 등 파란색 나무 블록이 만들어지는 전체의 작업 순서를 알려 줍니다. ③ 각 단계가 끝날 때 예상되는 결과물은 무엇인지 이야기해 봅니다. ④ 부모가 미리 준비한 오류가 발생한 결과를 보여 줍니다. 나무 블록이 만들어지는 순서 중, 어디에서 무엇이 잘못된 것인지 아이 스스로 생각하고 찾아낼 수 있도록 이야기를 나누어 봅니다.

≫ 단계 전체 공정을 설명해 줍니다.

≫ 설명

왼쪽부터 오른쪽으로 화살표 방향대로 블록 만들기 공정이 진행됩니다.

1단계 나무 블록 한 개가 '자르기' 공장으로 들어가서 세 개의 정육면체 나무로 잘려 나옵니다.

2단계 잘려진 세 개의 정육면체가 '색칠하기' 공장에 들어갔다 나오면, 파란색이 입혀집니다.

3단계 '압축하기' 공장으로 들어갔다 나온 정육면체는 세 개의 작은 원통으로 압축되어 나옵니다. 이 파란색 작은 원통 세 개가 제대로 된 결과물입니다.

≫ 문제 결과물로 빨간색 작은 원통 세 개가 나왔습니다.

≫ 설명

부모 결과물로 빨간색 원통 세 개가 나왔네. 무엇이 잘못되었을까? 마지막 단계부터 처음 단계로 거꾸로 올라가며 생각해 볼까?

아이 작은 원통 모양이 만들어졌으니, '압축하기'는 문제없어요.

>> **문제** 결과물로 빨간색 작은 원통 세 개가 나왔습니다.

>> **설명**

부모 그렇다면 그 앞 단계는 어떨까?

아이 파란색이 나와야 하는데 빨간색이 나왔으니 '색칠하기'가 문제네요.

부모 맞아, 여기를 고치라고 해야겠다. 그런데 앞에 '자르기'에도 문제가 있을까?

아이 아니요, 색깔은 달라도 잘려진 조각 세 개가 나왔으니 자르기는 문제없어요.

>> **문제** 결과물로 파란색 작은 원통 두 개가 나왔습니다.

>> **설명**

부모 파란색 원통 두 개가 나왔네. 무엇이 잘못되었을까? 마지막 단계부터 거꾸로 올라가며 생각해 볼까?

아이 작은 원통 모양이 만들어졌으니, '압축하기'는 문제없어요.

>> 문제 결과물로 파란색 작은 원통 두 개가 나왔습니다.

>> 설명

부모 맞아, 그렇다면 그 앞 단계는 색칠하기는 어떨까?

아이 결과물이 파란색이니, 제대로 작동했어요.

부모 맞아, 그렇다면 그 앞 단계는 어떨까?

아이 나무가 두 개밖에 안 나온 것을 보니 '자르기'에서 문제가 발생했나 봐요.

부모 응 잘 찾았네, 여기를 고치라고 하면 되겠구나?

난이도	💡💡💡
준비물	동요 '반짝반짝 작은 별' 악보
놀이 설명	코딩된 음악을 듣고 무엇이 잘못되었는지 찾아봅니다.

악보 대로 '반짝반짝작은별' 노래를 부릅니다.

부모   자 이제 코딩된 대로 노래를 불러 보자.

악보	계이름
첫째 단	도도도솔솔솔라라라솔 파파파미미미레레레도
둘째 단	솔솔파파미미레레 솔솔파파미미레레
셋째 단	도도도솔솔솔라라라미 파파파미미미페레레도

오류가 발생한 연주 코딩문

아이   뭔가 이상하게 들려요.
부모   어딘가 코딩에 문제가 있나 봐. 어디 한 번 찾아볼까? 첫 번째 명령부터 찾아보자.

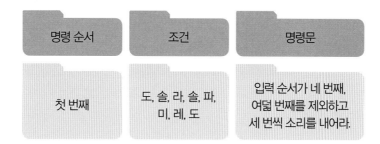

명령 순서	조건	명령문
첫 번째	도, 솔, 라, 솔, 파, 미, 레, 도	입력 순서가 네 번째, 여덟 번째를 제외하고 세 번씩 소리를 내어라.

아이　두 번씩 소리가 나야 하는데 세 번씩 소리를 내라고 되어 있어요.
부모　응 잘 찾았구나. 그 부분을 고쳐야겠구나. 그럼 두 번째 명령에서도 오류를 찾아보자.

명령 순서	조건	명령문
두 번째	솔, 파, 미, 레	모두 두 번씩 소리를 내어라.

아이　'레'는 한 번만 소리가 나야 하는데, 모두 두 번씩 소리가 나도록 되어 있어요.
부모　그럼 '레'는 한 번만 소리 나도록 조건문으로 분리를 해야겠다. 세 번째 명령에서도 오류가 있는지 찾아보자.

명령 순서	조건	명령문
세 번째	도, 솔, 라, 미, 파, 미, 레, 도	입력 순서가 네 번째, 여덟 번째를 제외하고 세 번씩 소리를 내어라.

아이　3번씩 소리가 나는 것도 문제이고, 중간에 '솔'이 아니라 '미'가 나오는 문제도 있어요.
부모　그럼 소리 횟수와 중간 소리 '미'를 고쳐야 겠구나.

3교시 | 틀린 그림 찾기

난이도	🔆🔆🔆
준비물	여러 가지 틀린 그림 찾기 활동지
놀이 설명	집중력을 발휘해야 하는 놀이인 틀린 그림 찾기를 통해 코딩의 디버깅 개념을 익힐 수 있습니다. 컴퓨터로 그림 그리기에서 원래 예상된 그림과 다른 부분이 있다면, 프로그램에 오류가 있거나 코딩이 잘못되었다는 의미입니다. 프로그램에 오류가 발생했다면, 최대한 빨리 문제를 찾아내는 것이 중요합니다.

≫정상

≫오류

≫**정답** 머리 스타일, 기운 단추의 개수, 돋보기 손잡이 색깔, 개수 손가락 무늬, 코트의 색깔

우주여행

≫정상

≫오류

≫**오류** 우주인의 팔 방향, 기체질량 통이 개수, 우주선 색깔, 안테나의 방향, 토성의 띠 색깔 등

…… 총 17곳

 닫는 글

"코딩을 언제 시작하면 좋을까요?"

학부모님들이 가장 많이 하는 질문 중 하나입니다. 그럴 때마다 저는 대답합니다.

"부모와 대화가 가능한 나이가 되었다면 지금 바로 언플러그드 코딩을 시작할 때입니다."라고 말입니다.

이 책에 수록된 언플러그드 코딩은 음악, 미술, 놀이, 스토리텔링 등 다양한 영역을 경험하게 함으로써 통합적이고, 논리적으로 사고하게 돕습니다. 또 아이가 생활 환경에서 만나는 여러 가지 문제와 사물을 컴퓨팅 사고력으로 해결 할 수 있는 기회를 만들어 줍니다.

코딩은 암기 과목이 아닙니다. 암호 같은 여러 가지 코드를 외우느라 진땀을 빼지 않아도 됩니다. 코딩은 매우 창조적이고, 정답이 정해져 있지 않은 퀴즈이며, 누구나 함께 즐길 수 있는 놀이와 같습니다. 코딩을 하기 위해 비싼 장비나 거창한 도구 등이 필요하지도 않습니다. 언제, 어디서든 아이들의 반짝이는 머리만 있다면 가능합니다. '언플러그드 코딩'이라는 단어 때문에 컴퓨터 없이 배우는 코딩은 실전 코딩 교육이라 할 수 없다는 일부 의견도 있습니다. 그러나 초등학생들에게 단순하게 컴퓨터 사용법을 가르쳐 주는 것보다 훨씬 더 컴퓨팅 사고 능력을 길러 줄 수 있는 교육이라고 강조하고 싶습니다.

마지막으로, 경제적인 어려움과 지역적 고립 등으로 컴퓨터 교육의 기회를 갖기 힘든 아이들이 언플러그드 코딩을 만나 꿈을 키우고 힘을 얻길 바랍니다.

>> 코딩 히어로

작사·작곡 : 코딩 아빠

나 는 나 는 코딩히어로 친 구 도와주는 로봇만들죠

1. 불이야 - 불이야 - 소리 들리면 (If) 1 1 - 9 로 신고하라 - (OK!)
2. 슬픈얼굴우는얼굴 친구만나면 신 나는음 악 들려줘라 - (Play)
3. 이럴때는저럴때는 조건따라서 코 딩 - 명 령 실행해라 -

나 쁜 악 당 들 나타나면 - (If) 1 1 2 로 - 신고하여라 (OK!)
기 쁜 얼 굴 - 웃는얼굴 - 사 진 찍 어 - 저장하여라 (찰칵!)
하 나 두 울 - 모든친구들 만 날 때 까지 반복하여라